FASHION
BRAND
REVIEW
2020

时尚品牌评论 2020

赵洪珊　主编

中国纺织出版社有限公司

内 容 提 要

本书是时尚管理领域企业案例及研究专题论文汇集。书中按照"应用—理论—趋势"的逻辑思路，分为时尚产业的相关企业案例分析、理论专题总结以及重点调研报告三个篇章组编材料。本书可帮助企业界人士了解时尚管理领域新动态，也可作为时尚管理专业方向研究生相关课程的案例资料。

图书在版编目（CIP）数据

时尚品牌评论. 2020 ／赵洪珊主编 . — 北京：中国纺织出版社有限公司，2021.1

ISBN 978-7-5180-8318-3

Ⅰ .①时…　Ⅱ .①赵…　Ⅲ .①品牌—企业管理—案例—中国　Ⅳ .① F273.2

中国版本图书馆 CIP 数据核字（2021）第 008270 号

策划编辑：籍　博　　　责任编辑：郭慧娟
责任校对：江思飞　　　责任印制：王艳丽

中国纺织出版社有限公司出版发行
地址：北京市朝阳区百子湾东里 A407 号楼　邮政编码：100124
销售电话：010—67004422　传真：010—87155801
http://www.c-textilep.com
中国纺织出版社天猫旗舰店
官方微博 http://weibo.com/2119887771
北京华联印刷有限公司印刷　各地新华书店经销
2021 年 1 月第 1 版第 1 次印刷
开本：787×1092　1/16　印张：9.5
字数：162 千字　定价：88.00 元

前言

在当前我国纺织服装行业转型升级的关键时期中，时尚产业以其高收益率、高贡献率备受瞩目，吸引了越来越多的研究学者、实业家关注时尚产业的发展。为帮助企业界人士了解时尚管理领域新动态，本书选取时尚管理领域的最新企业案例及研究专题结集成册，按照"应用—理论—趋势"的逻辑思路，分为时尚产业的相关企业案例分析、理论专题总结以及重点调研报告三个篇章。

第一篇"案例实践篇"，选取时尚产业典型企业进行案例分析。常静老师的《劲霸男装：家族企业的坚守与创新》介绍了劲霸男装作为家族企业，如何始终专心、专业、专注于以茄克为核心品类的男装市场，以"款式设计领先"和"丰富板型经验"赢得消费者良好的口碑，并通过精湛领先的产品研发设计，强而有力的品牌运营管理，稳健齐备的专卖销售体系，成为中国商务休闲男装的旗舰品牌。马琳老师和江影老师的《大杨集团：全球最大的智能化服装定制标杆》，介绍了大杨集团作为全球最大的西装生产制造企业以及服装定制企业，如何经过四十多年的积累，打造自有产权的全程协同的智能制造生产系统，为其面向全球的单量单裁市场定位建立起核心竞争力，从而获得企业的长足发展。孙逊老师的《Play Lounge：引领新消费下的生活方式买手制新零售平台》，对 Play Lounge 如何引领新消费下的生活方式买手制新零售平台进行探讨，从全球买手店发展、Play Lounge 成长历程、时尚新零售生态价值链打造等方面进行研究，并在借鉴国内外优秀买手店案例经验基础上，对中国买手店行业发展提出战略性策略建议。刘娜老师的《衣二三：会员租赁，共享衣橱》，介绍了衣二三这一在服装领域中的共享商业模式案例，通过分析其核心竞争力及运营策略，对共享服装的未来发展趋势进行了展望。王涓老师的《衣邦人：基于网络交易平台的数字化服装定制模式》，介绍了作为国内服装互联网定制行业标杆企业的衣邦人，构建基于网络交易平台的数字化服装定制模式，通过打造独特服务特色，利用全球面辅料直采战略，以及不断完善的智能化服装生产，正在迈向互联网的"极致柔性"的个性化定制，同时，注重挖掘顾客痛点，全面优化提升顾客体验。

第二篇"专题理论篇"，选取时尚产业最新热点问题进行分析。赵洪珊教授和马琳老师的《新零售下家纺企业模式创新路径研究》，分析了随着互联网、大数据、人工智能与实体经济融合程度逐渐加深，生产、流通、消费融合发展和协同创新的格局越趋明显，家纺企业必须探索线上线下渠道融合的协同创新发展模式与路径。白玉苓教授的《品牌孵化理论与实践》，介绍了品牌孵化理论的基础知识体系，并以上海圣和圣服饰市场为例介绍"韩流文化＋设计师"品牌孵化模式、以韩都衣舍为例介绍"云孵化＋场内孵化"模式、以江南布衣为例介绍"品牌矩阵＋买手店"品牌孵化模式，从而展现出品牌孵化理论在服装行业的重要应用现状。江影老师的《可持续服装设计：面向未来的设计》，在梳理可持续设计的源起与发展的基础上，结合服装设计的特点，提出可持续服装设计策略，同时针对目前可持续服装设计存在的问题和困难，提出未来的发展建议，以期为可持续服装设计在未来的进一步发展提供参考。

第三篇"调研报告篇"，选取重要的行业调研报告说明行业现状。本部分中索珊老师和丁峰老师的《中国自由贸易试验区发展现状调研报告》，在分析我国自由贸易试验区发展的现状基础上，从贸易便利化、法制环境建设的角度总结我国自由贸易试验区建设取得的经验以及实践中存在的问题，最后展望中国（河北）自由贸易试验区建设为雄安新区带来的历史新机遇。

本书由赵洪珊主编，马琳副主编，作者群体来自北京服装学院商学院，一直致力于我国时尚管理领域的教学与研究。本书可帮助企业界人士了解时尚管理领域最新动态，也可作为时尚管理专业方向研究生相关课程的案例资料。

本书是北京市教委人文社科面上项目（项目编号：SM202010012001，项目名称：新零售驱动的服装企业商业模式创新研究）、北京服装学院 2020 年重大项目培育基金项目（项目编号：2020A-32，项目名称：基于数字化工程实验室的时尚创新生态系统研究）的阶段研究成果。

作为时尚产业学术界与企业界融合创新的尝试，本书为"时尚商业评论"年度系列专著的姊妹篇，编写团队希望能编写出体现当前时尚行业发展现状，并且对各位读者真正有益的著作。但由于学术水平及经验有限，存在诸多不完善之处，敬请各位读者批评指正。在本书出版过程中，得到了中国纺织出版社有限公司郭慧娟、籍博编辑的大力支持，也在此表示感谢！

赵洪珊

2020 年 10 月

目录

CONTENTS

i

第一篇
案例实践篇

第一章
劲霸男装：家族企业的坚守与创新

劲霸董事长洪肇明先生总说："一个人一辈子能把一件事做好就不得了。"这句朴实的话正是劲霸品牌运营、企业经营的核心价值观。劲霸男装始终专心、专业、专注于以茄克为核心品类的男装市场，以"款式设计领先"和"丰富板型经验"赢得消费者良好的口碑，并通过精湛领先的产品研发设计，强而有力的品牌运营管理，稳健齐备的专卖销售体系，成为中国商务休闲男装的旗舰品牌。面向世界、面向未来，劲霸男装以"消费者导向、责任、专注、自省、共赢"的文化价值观，秉持"为创富族群提供茄克领先的商务休闲男装，成为他们的着装管家"的品牌使命，全力实现"受尊敬的国际化男装领跑企业"的品牌愿景。

一、劲霸的发展历程

劲霸男装始于 1980 年。目前，劲霸男装在全国拥有 2000 多家形象统一、管理规范的品牌专卖店。连续 13 年入选"中国 500 最具价值品牌"榜单，2016 年品牌价值攀升至 407.86 亿元，以强大的品牌势能蝉联中国商务休闲男装第一价值品牌。

（一）孕育新生，破茧成蝶（1980～1999 年）

这是劲霸的第一次创业阶段，是劲霸孕育新生、坚忍图存、基业初奠的峥嵘岁月。

1980 年，劲霸男装第一件茄克诞生，劲霸品牌事业开始起步。1986 年，劲霸男装创始人洪肇明开始独立经营并创办了"佳丽服装二厂"，在生产和经营管理上都迈上了一个新台阶，这是劲霸公司真正意义上的前身。

1989 年，"劲霸"中文名称商标注册，中国男装界一个掷地有声的品牌正式打出名号，开始了它的辉煌之旅。1992 年，劲霸成功注册"火箭头"图形商标，在中国男装行业率先迈出了规范品牌视觉系统的坚实步伐；同年成立茄克实验室，形成专业化的服装检测流程，以确保每一件茄克的品质与安全（图1-1）。

1995年，劲霸荣获"全面质量管理达标证书"，在国际服装·面料·装饰用品博览会荣获金奖。1996年，劲霸召开首次供应商大会，吸收了一大批面辅料和成衣供应商，并和固定的供应商签订并规范了采购供应合同，以达到对生产环节精细化管理的目的。同年，劲霸茄克被中国保护消费者基金会推荐为中国消费者信得过产品。

1997年，注册中文"劲霸"、英文"K-BOXING"及"拳王"图形商标，并导入CIS形象识别系统，成为首个以全新的品牌形象走向中央电视台广告平台传播的男装品牌（图1-2）。

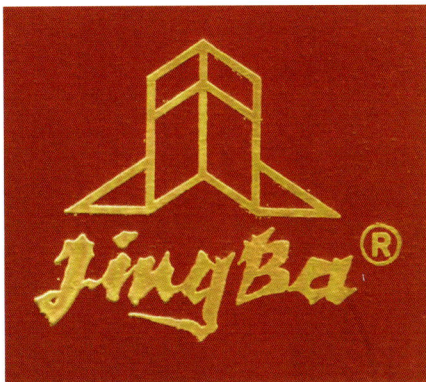

图1-1　劲霸图形徽标——"火箭头"图腾

图1-2　劲霸商标

20年间，通过敏锐的洞察力和对市场的良好把控，劲霸完成了资本积累和市场网络培育，为第二阶段的品牌战略打下了坚实的基础。

（二）开拓前行，梦想起航（2000～2008年）

这是劲霸的第二次创业阶段。随着劲霸品牌时代的全面来临，依托在品牌传播、市场开拓和战略定位上先人一步的敏锐洞察力和强效执行力，劲霸一路攻城略地、纵横捭阖，成功登临茄克产业王者之巅，成为中国商务休闲男装的领导品牌。

2000年，劲霸弃用使用了将近20年的批发代销制，正式启动特许加盟经营制，开启规模化的商业发展模式，成为全国第一批大范围开展特许加盟经营制的服装企业之一。2001年，劲霸成为实施统一零售价和零风险加盟的服装品牌，开创了中国服装企业连锁经营的新模式。同年，劲霸成为福建服装行业、中国休闲服饰行业首家通过"中国环境标志产品认证"的企业，并开始在全行业率先建立基于国人体型特质的茄克板型数据库和款式档案库。

2002年，韩日世界杯，劲霸以空前的大手笔投入，在中央电视台投放电视广告，

"敢与天下争"的品牌口号让这个专注深耕的男装品牌一夜之间在中国大地崛起。为了更好地诠释劲霸的品牌内涵，公司邀请著名影星赵文卓担任品牌形象代言人，并加大在央视等媒体的广告投放，更进一步推进品牌建设。

2003年，中法文化年，劲霸获选成为唯一展演于巴黎卢浮宫的中国男装品牌。同年，劲霸开创性地确立"每一款茄克，都有一处独创设计"的产品定位，继续在茄克款式设计上领先同业。

2004年，劲霸同时斩获"中国驰名商标""中国名牌""国家免检产品"三个"国"字品牌，获中国保护消费者基金会的最高奖项——"保护消费者杯"；并以10.31亿元的品牌价值首度入选"中国500最具价值品牌排行榜"。

2005年，劲霸导入ERP信息平台，成为服装界第一个大规模应用企业级移动解决方案的品牌公司。同年，致力于输出专业茄克设计制作人才的产学研一体教育机构——茄克大学成立。

2006年，劲霸再度重拳出击，斥资3800万元成功将中央电视台德国世界杯电视转播"射手榜"独家冠名权揽入怀中，并推出"中国茄克走向世界的前锋"和"引领中国茄克走向世界"的品牌宣言式广告，再次引发轰动效应——"每一款茄克，都有一处独创设计；每一脚射门，都有劲霸精彩的影子"，劲霸男装品牌的影响力得到空前提升，并因此被称为世界杯的"第三十三支球队"。

2007年，劲霸股份制改造完成，劲霸男装股份有限公司正式揭牌。同年，劲霸"第三次创业"的战略宣告启动，开启了全新的品牌时代征程。

2008年，劲霸男装品牌价值突破百亿元大关，以112.86亿元位列"中国500最具价值品牌"第58位，再度蝉联中国商务休闲男装第一价值品牌。同年，北京奥运会期间，劲霸"王者归来"全新标志发布，并成为全国服装标准化技术委员会茄克工作组秘书单位，主导推进茄克国家标准的制定与修订。同年，"5·12"汶川大地震，劲霸成为中国服装行业第一时间捐款的企业。

（三）乘风跨越，远见未来（2009年至今）

这是劲霸第三次创业阶段，为实现品牌更具突破性的发展与跨越，劲霸以一种永远创业、不断创新的精神，开启了品牌朝向未来的全新征途。

2009年，劲霸男装入选"国家名片"名单，再次荣登"亚洲品牌500强排行榜"，第三次获得"茄克衫优等品"称号。同年，劲霸男装运营总部迁驻上海，迈出"出江入海"战略的第一步（图1-3）。上海人才与资源的高地优势，为品牌带来了更加丰富多元的时尚变化和发展维度；明确了批发向零售的模式转变，为企业上下指出了新的运营

图 1-3　2009 年劲霸男装"出江入海"

和思考方向。

2010 年，通过"国家级茄克实验室"审定认可，劲霸开始主导中国茄克标准制修订，中国茄克色彩研发基地落户劲霸。在连续四次斩获全国茄克市场销售额和销售量双冠王称号后，劲霸又喜获"中国服装品牌年度策划大奖"，以 148.77 亿元位列"中国500 最具价值品牌"排行榜第 50 位。同年，劲霸迎来品牌创立 30 周年，在庆典仪式上公司向慈善机构捐款 3000 万元。

2011 年，劲霸再获中国茄克市场同类产品销售第一荣誉，被中国纺织工业协会确立为首批首家"中国服装品牌建设与供应链管理试点企业"，成为国家"十二五"重点扶植发展的服装企业。

2012 年，劲霸男装再度位列茄克品类产品市场销量第一位，同年 6 月，连续 9 年入选"中国 500 最具价值品牌"的劲霸男装，以 226.86 亿元的品牌价值排名第 50 位，继续蝉联中国商务休闲男装第一价值品牌，并被国家部委确立为"重点跟踪培育的自主品牌企业"。

2014 年，劲霸男装联合创业家传媒发起并创立了中国首个关注创富微力量的组织——"劲霸·创富汇"，旨在共同打造构建一个充满正能量，充满梦想，极具感召力的创富者聚合平台。同年8月，劲霸在上海世博中心隆重举行以"舞众不同"为主题的上海五年庆典，透过这场精彩纷呈的茄克盛典，展示了"出江入海"五年的战略转型成果。

2015年，劲霸男装在中国国际服装服饰博览会CHIC2015上闪耀亮相，凭借高科技感的展厅布置、高品质感的服装陈列以及高瞩目度的后现代艺术大茄克雕塑等深度、形象地表达了劲霸男装对茄克的专注与匠心，引发广泛关注，央视对此进行了翔实的报道。同年，在享有"中国品牌奥斯卡"之称的"世界品牌实验室2015年（第十二届）中国品牌年度大奖评选"中，劲霸男装凭借"卓越的市场表现和品牌影响"，获得男装行业"中国品牌年度大奖NO.1"荣誉。

2016年，劲霸连续13年入选"中国500最具价值品牌"排行榜，以407.68亿元的品牌价值再次蝉联中国商务休闲男装第一价值品牌。并再次跻身上海百强企业榜单。同年，劲霸男装洪肇明家族凭借在企业治理和家族管理承继上的卓越表现，荣获首届"平安·中国家族企业传承奖"唯一的"年度大奖"。同年，劲霸男装凭借在男装行业尤其是茄克领域的突出成就，获选成为美国哈佛商学院MBA"FIELD"项目课程的全球合作伙伴。同年8月，劲霸男装借助里约奥运世界级项目平台，成功打造"劲霸奥运时刻"，首次开展全媒体整合营销传播，首次深度触及数字媒体传播，首次将传播与营销整合打通，将直营、代理、电商渠道整合打通，通过央视、腾讯等一线主流媒体平台释放巨量品牌势能。

2017年，劲霸推出新商务、时尚商务、假日三大产品系列，满足创富族群多元化商务休闲场景着装需求。

图1-4 中国500最具价值品牌证书

2018年，劲霸男装以551.36亿元的品牌价值入选"中国500最具价值品牌"，并连续15年蝉联中国商务休闲男装第一价值品牌；更具国际化、时尚化、年轻化的第七代门店形象面世（图1-4）。

2019年，"出江入海"十周年之际；劲霸男装以668.27亿元的品牌价值入选"中国500最具价值品牌"，并连续16年蝉联中国商务休闲男装第一价值品牌；获颁"新国货优秀品牌"奖项，入选首部以新国货为主题的白皮书《2019新国货白皮书》。

2020年，劲霸男装品牌价值攀升至745.69亿元，连续17年蝉联中国商务休闲男装第一价值品牌。这个逐年上升的数字，离不开魄力与定力的支撑（图1-5）。

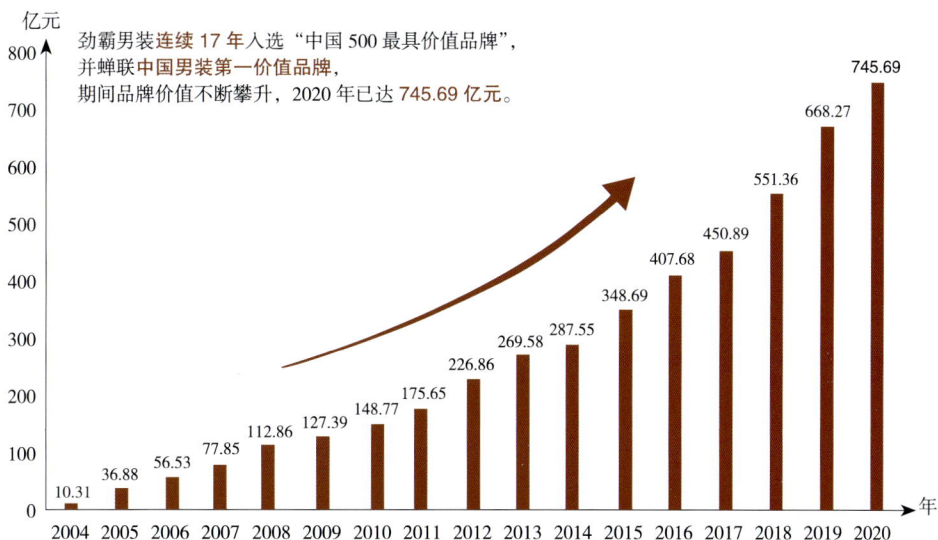

图 1-5　2004～2020 年劲霸男装品牌价值增长趋势图

二、专心专业，专注茄克

一个成功的品牌，就是对消费者永远不变的承诺。

用 40 年的时间只专注做一件事——茄克，笃定从容地潜行于中国商务休闲男装领域，持之以恒地服务于中国创业创富群体，这是劲霸的坚持，是劲霸对消费者的承诺。劲霸能取得今天的成绩，在于其所倡导的"一个人一辈子能把一件事做好就不得了"的思想。专注就是所有劲霸人的共同信仰，劲霸人坚信："业精于勤，强于专"。

（一）茄克所赋予的中国梦

茄克这一品类源自时尚之都法国，但是作为中国的茄克品牌企业，劲霸在精研茄克历史和文化的基础上，更多地为茄克赋予了中国特色，让介于正装和便装之间的茄克，成了一代实干、进取、创富、自强的中国人的精神外衣。

据调查，茄克是 87.26% 中国男性最优先购买的服装品类，茄克是 25～50 岁中国创业热情最高的人群最中意的服装，茄克是从中央到基层所有中国领导人在实务工作场合最常见到的穿着。

茄克是很中国的，茄克这一服装品类对于中国服装产业似乎有着特别的意义。正如一直以来只要说到美国的西进运动，我们脑海里浮现的永远是那一身的牛仔装扮，牛仔

图 1-6　劲霸 40 年专注茄克

裤作为一个精神图腾，已然成了美国梦的代言。那么对于改革开放的中国来说，如果要寻求一个服装品类作为代言的话，茄克自然是首当其冲的不二之选。茄克所体现出的，正是这个时代的精神，是我们的创业梦、强国梦，是我们的中国梦！

劲霸在品牌策划中始终关注着茄克文化系统的提炼，"一个产业的发展绝不能仅只是依靠商业的推动，没有文化的参与，那么一切终将沦为一场投机"。很显然，以"40 年专注茄克"为传播口径的劲霸，在实现了市场和品牌的引领之后，在茄克文化的深化和提炼上也走在了时代的前沿（图 1-6）。

（二）茄克所承载的精神特质

Jacket 初入中国，被翻译为"夹克"，然而近三十年的时间里，随着诸如劲霸、七匹狼、柒牌、九牧王等男装品牌的异军突起，"茄克"越来越成为正式的表述。

"夹与茄，这一个汉字的较真，或许在汉语言学上看似乎并无多少实质意义，但是对于中国茄克产业，这一个字绝对意义非凡"。作为力主使用"茄克"的品牌代表，劲霸不仅在整个男装品牌系统内形成共识，更不遗余力地协同其他茄克品牌企业，在所有媒体传播通路上进行持续的规范，力图转变所有人既定的认知传统。而他们的努力，无疑是成效显著的——现在无论是在现实还是网络书写中，"茄克"已经开始大面积的取代"夹克"。

相较于"夹"，"茄"至少从服装品类性的角度，更加贴合。在过去西方的概念中，夹克是特指衣长较短紧袖口紧下摆的上衣，而在中国，茄克显然有更广的涵盖范围。之前国际调查公司 TNS 对茄克的定义更符合中国茄克的实情——"衣长较短、胸围宽松，除西服、风衣、棉衣和衬衣以外的所有长袖外衣"都可以称为茄克。当然在劲霸看来，这一定义还需要扩展，比如劲霸曾创新性地推出了春夏季的"短袖茄克"。

当然，舍弃"夹克"选择"茄克"，更多的可能是一种隐喻意味。作为在改革开放大潮中成长起来的中国茄克企业，劲霸有一个共识：茄克，应该首先是代表着如草原般茂盛的中国式创富梦想，同时又是有附加内容或意义的，这内容是时尚、是创意、是品位、是个性、是体验。这一个"茄"字，不仅言明了茄克的精神特质，更表明了茄克作为时尚创意产业的更多可能（图 1-7）。

一件茄克，就是一件战袍。改革开放初期，茄克以它的穿着舒适感、体型包容度，以及亦商务亦休闲的着装场景适用优势，受到投身改革开放浪潮中的创业创富族群的喜爱，时至今日，一件件茄克铭刻着他们筚路蓝缕创业记忆的载体。

（三）茄克行业的专注之道

或许正是茄克被赋予的这些精神层面的隐喻，激发起了中国太多激情创富的人们的共鸣，在进入 2000 年以后，中国茄克产业开始步入了一个突飞猛进的跃升期。

图 1-7　劲霸男装茄克

在这场茄克的发展大潮中，担当开路先锋的就是以晋江品牌为主体的闽派服装。随着一场在中央电视台体育频道掀起的晋江旋风，与高调崛起的运动品牌一块进入我们视线的是劲霸、七匹狼、柒牌、利郎、九牧王等一大批个性鲜明却都是以茄克为产品重心的男装品牌。而其中定位最明确的，就是"专注茄克 40 年"的劲霸。"一个人一辈子能把一件事做好就不得了"，这是劲霸的核心价值观；"引领中国茄克走向世界"，这是劲霸的愿景。"专注"不仅是劲霸也是大部分晋江男装品牌的成功之道。

晋江茄克品牌的专注与努力，无疑是卓有成效的。中国晋江已然成为世界茄克产业的主导者，是真正意义上的"世界茄克之都"。

而检视劲霸以往尤其是近几年的品牌推进之路，我们发现，劲霸踏入品牌化发展之路最初就是借力央视平台进行体育营销。无论是一开始的赞助拳王争霸赛，还是 2002年和 2006 年世界杯的爆发式投播，以及 2008 年北京奥运会 16 天近 1 亿元的巨资投入，劲霸品牌传播的高调和气势磅礴让所有人印象深刻。通往胜利的每一个转弯都是至关重要的，劲霸每一次品牌传播的大动作，都配合着一次市场大掘进的完成。

劲霸在茄克这一大的品类范畴之下，选取了不同的市场细分进行专注突破，并在品牌传播上大胆尝试，保持了差异化的同时也获得了品牌的大发展。

（四）走向世界的茄克

唯有产业的大发展，才能带来品牌的大发展。与国际服装强国相比，中国茄克产业无论在规模还是市场占有上都毫不逊色，作为一个将"引领中国茄克走向世界"定义为未来愿景的企业，劲霸男装也成功地通过推进茄克的产业化发展，完成了自身茄克产业领军品牌的塑造。

正如劲霸的企业愿景一样，"引领中国茄克走向世界"始终是劲霸男装作为中国茄克领先品牌，一直为推动中国茄克产业化进程不遗余力的动因所在。随着"全国服装标准化技术委员会茄克衫工作组"和"中国茄克色彩研发基地"双双落户劲霸，再加上国家级的"茄克实验室"和规划完善中的"茄克大学"，劲霸男装在整个茄克产业的话语权已经不言而喻。作为连续数年全国茄克市场销售额、销售量的双冠王，这绝不仅只是意味着如很多人所言的取得了在行业中的话语权，更为重要的是表明劲霸男装作为中国茄克产业的旗舰领航企业，已经自觉地担负起了一个行业领导者的产业责任。

"中国的就是世界的"，这一梦想一定能够在茄克领域实现。以劲霸为代表的一批茄克品牌企业正朝着这样的目标努力奋斗着。

三、定位定力，创业创新

劲霸的成功，原因主要在于"定位、定力、创业、创新"。坚定不移地选择茄克作为品牌差异化发展的核心定位，并能够以毫不动摇的定力在品牌发展和运营过程中始终贯彻该定位。持续创业，不断创新的理念，让劲霸男装得以在不同的发展阶段都能够前瞻一步，领先同业。

（一）定位定力铸就品牌灵魂

劲霸男装，在服装圈里非常低调。在行业新闻热搜中，劲霸男装极少出现。但在世界品牌实验室发布的 2020 年《中国 500 最具价值品牌》报告中，劲霸男装以 745.69 亿元的品牌价值名列第 73 位，连续 17 年蝉联中国商务休闲男装第一价值品牌。

作为茄克领先的中国商务休闲男装领导品牌，劲霸男装之所以能够持续不断获得消费者与市场的认同，最关键的无疑是企业对于品牌核心定位"茄克"的不辍坚守。

劲霸男装是国内最早一批具有品牌意识的服装企业，当大部分服装工厂还在以粗放家庭作坊模式经营时，创始人洪肇明就已经意识到打造品牌的重要性，并借助各种宣传方式打响品牌的知名度。

1997 年，劲霸男装率先导入形象识别系统，以全新品牌形象走进中央电视台向大众宣传。品牌借助重大体育赛事在社会中的影响力，在电视台直播、转播赛事期间高密度投放广告，在消费者心中塑造了专注茄克的中国商务男装品牌的高端形象。2001 年，劲霸男装挤掉价格水分，成为首个实施全国统一零售价的服装品牌，提升了产品的议价能力，并率先启用零风险加盟制度。

跟很多服装企业依据年龄、收入、受教育程度等人口统计特征来定义目标客户群不一样的是，劲霸对于目标客户的界定更加侧重于他们的社会身份和所属阶层，这个目标客户群是包括了"领导干部、公务员和中小企业主"在内的"创富族群"，因为这些人既需要一种能够不失身份的服装出席正式场合，也需要挽起袖子干活时的轻快便捷。起源于法国工装的茄克衫就以介于非正装与正装之间的两面性成了他们的选择，这一产品定位精确地捕捉到了一个极具消费能力的中国社会主流人群。

劲霸男装CEO洪忠信曾说过，劲霸的品牌理念就是"为创富族群提供茄克领先的商务休闲男装，成为他们的着装管家"，理解起来其实也很简单，就是"为创业创富的这群人，提供带来信任和尊重感的服装，并给他们最适合的搭配和服务"。劲霸的理念，就是做一个简简单单的企业，这个也和洪忠信的情怀和梦想有关，"一个男人，一个企业，一个组织和一个品牌是一样的，要简单，不复杂，就是要顶天立地，说一不二"。

尽管一些同行纷纷扩充产品线，推出女装、童装甚至子品牌，劲霸也不为所动。劲霸企业经营40年中，遭遇过太多的利益诱惑，但它始终把握一个原则，那就是相信并坚持自己的选择，这就是定力。定力就是要做自己擅长的。

劲霸一直以来专注以茄克为核心品类的商务男装市场，成功让工艺精湛、面料优良、板型不断髦化的茄克，成为中国男士职场服装的首选。

（二）创业创新打造匠心产品

作为实体产业，产品永远是企业发展的灵魂。而产品对消费者真正的吸引力，则来源于创新。

劲霸是第一批跳出家庭作坊、大规模招工建厂、注册商标的民营企业，并率先导入了品牌视觉识别系统，迈出了品牌建设的步伐。劲霸通过"全国统一零售价、零风险加盟"的政策，迅速构建起劲霸广阔而完备的终端网络。1992年，劲霸在中国男装行业率先成立茄克实验室，并创立了茄克品类首个创新研发公众服务平台——"中国茄克创新研发中心"。

劲霸在与国际众多面辅料供应商、研发设计机构和著名设计师合作的基础上，加大产品研发和供应链管理的国际化步伐，进一步提升和强化劲霸整个产品系列的高品质感与高时尚度。

在产品创新方面，劲霸男装不断推陈出新。例如，在新推出的防辐射防静电产品中，通过创新工艺，使用了一种在金属混纺纤维内设置裸线进行高频屏蔽的方式，同时将屏蔽服良好接地，大大提高了产品的屏蔽效果。在保温透气系列产品中，通过保温透气复合布、透气网布、三明治网眼布、高分子薄膜等新材料的使用，发挥保温透气复合布的内层、中间、外层上分别设有无数个网孔的特性，并创新制作工艺，使气流产生导向，使人体产生的湿气不断被排出，增强了穿着舒适性。

劲霸不光关注茄克面料的开发，也积极关注茄克板型的开发。每一款茄克，都有一处独创的设计，这就是劲霸茄克的最大卖点之一。为使不同的衣服上有不同的创意设计，劲霸单独成立了一个数百人的茄克设计团队。设计过程中不仅在外观上不断创新，还结合了工程学、运动学等综合学科知识，注重人体的舒适度，即使是茄克上的一个肩章、一个Logo、一根拉链。当然，除了款式上的不同，劲霸的核心价值还在于技术研发能力。其中，茄克的肩部设计为重中之重。为了突出肩部效果，设计人员在茄克的内衬中特意添加了一个具有定型效果的特殊材质，同时还研发了先进的"归拔"技术。因为茄克与其他男装品类相比，优势在于舒适、贴身，日常生活当中穿着场合最多，但缺点在于不修身定型，而劲霸的"归拔"技术弥补了这个"缺陷"。2009年，劲霸男装独创的"短袖茄克"上市后就引起了广泛关注，打破了常规长袖茄克的理念，让茄克更加时尚化，凭借"短袖茄克"的创新，劲霸一举获得"2010中国纺织工业协会产品开发贡献奖"。

尽管互联网大潮给整个零售环境和消费方式带来了颠覆性的变化，但是对于劲霸男装这样的商务休闲男装品牌来说，产品依旧是最大的驱动核心，客户体验依旧是营销的本质所在。所以劲霸在不断尝试各种全新商业模式的同时，始终如一地将产品做到极致，将客户体验做到极致。

2017年，劲霸男装在服装行业面临重大机遇和挑战的时刻，打破行业的传统思维，与投石科技开始共建天蚕创新实验室。集合智慧力量和智能工艺，打造一个融合智慧科技和时尚创新的跨界集成实验室。天蚕创新实验室可以让更多尊重知识、有产业梦想的科学家、创业者、手工匠和设计师们，一起创新和创业，形成一个属于服装行业的创新共享中心。这在国内是首创，旨在打破品牌桎梏，站在服务产业的角度，改良中国服装产业基因，突破行业传统思维，引入融合智慧，启发产业革新。

2020年1月13日，品牌携高端轻奢系列KB Hong首发亮相于米兰时装周，以"门见万象"为主题，让东西方文化与艺术在此交融（图1-8）。大秀现场，众多国际专业买手、男性时尚媒体、服装行业权威媒体近距离感受劲霸男装的匠心精神，领略中国本土时尚力量强大的创造力。在KB Hong系列产品中，张扬热烈的中国红耀动全场，茧型外套气场全开，中式美学与意式优雅在劲霸的T台上完美交融，汉服大廓型设计与中式交叉领的运用更是让简约的男装板型焕然一新。

"劲霸男装把走向世界的第一步选在米兰，是因为我们40年的发展一直对专业保持敬畏之心，从服装设计到板型、面料、工艺，我们始终坚守为我们的消费者提供国际化高品质的男装。"劲霸男装首席执行官兼创意总监洪伯明如是说。他表示，这场秀不

图 1-8　劲霸男装登陆米兰时装周

仅呈现了劲霸男装的深厚底蕴，更多的是表达出一个中国男装品牌的自信心。

因为专业，所以劲霸男装才敢大胆创新。他终结了传统茄克的单调性设计，不断引领茄克及配套服饰的研发方向，让中国商务装更年轻、更时尚，让更多追求潮流、有品位的"80后、90后"男士穿出"型男"感，将品质深深地融入日常生活中。

随着移动互联、可穿戴设备等趋势的兴起，科学技术已经逐步渗透到时尚领域的方方面面。提升科技含量无疑是品牌发展的一个关键点，而这不仅在品牌推广营销环节，而应贯穿从面料源头、生产到终端的全产业链。随着消费者对精神领域的追求越来越高，希望表达自我个性的愿望也越发强烈，通过跨界艺术找到与消费者之间的链接也成为越来越多品牌追求的目标。不过，这种品牌的嫁接与表达一定不是生硬的，而是通过产品带动的由内而外的品牌文化的传递。

（三）消费者导向的终端服务

在品牌形象塑造起来之后，劲霸男装又迅速完成了渠道铺设，开展了新零售探索。

1. 提供最贴心的着装服务

劲霸男装在"一切绩效在终端"的原则下，以"开好店、开大店、开多店"为思路指引，通过外部市场扩张和内部管控调整，不仅完成了市场的良性扩张，终端的管理水平也开始从完善走向优质，实现了营运规模、业绩效益、管理能力的全面提升。品牌和渠道，是营销型服装企业的两个主动脉。其"全国统一零售价，坚决不打折并执行到位"的战略思路更是被包括代理商在内的劲霸人奉为经典。

守望一个族群，慰藉一个阶层。为了赢得消费者的信任，针对这个群体的特征，劲霸推出的杀手锏就是服务。劲霸总裁洪忠信为此提出了三个关键词：休息、配装、洗衣。即要让所有的终端店铺都能够营造出舒适且愉悦的氛围，为顾客提供休息放松的环境；要让所有的导购员能够根据顾客的体型、肤色、职业、穿着场合来搭配服装，成为顾客最具专业素养、最有经验的高级形象顾问；要提供专业的洗衣服务，成为男士最舒心、最省心、最贴心的着装管家。

2. 提高终端管理效率

劲霸男装是国内服装企业最早应用大数据信息技术的企业之一。2010年初，劲霸男装开始运用大数据信息共享平台来试水电子商务，遵循全网多平台覆盖的战略思路，劲霸男装先后在天猫、京东、亚马逊、1号店、淘宝网等B2C第三方平台开设了官方旗舰店，并立即创建了劲霸男装官方网店。不论是寄生于第三方平台的网上专卖店，还是独立自营的官方网店，虽然其形式上略有不同，但是在订单处理、物流仓储、数据分析等多方面都存在共性，之前零散的订单处理方式不但浪费了人力、物力等资源，而且难以随机应变，经常发生超卖漏发的现象，各平台分割数据对于高层决策者意义不大，耗费大量人力做重复的营销工作得不偿失。为了更好地服务于服装分销业务，2013年，劲霸男装开发了一套基于互联网底层通信协议的零售系统，使总部可以及时掌握3000多家门店的销售数据，使企业对瞬息万变的市场情况做到了准确掌握。同时还大胆尝试了"私有云"项目的规划：各个省级专卖店的实时数据先在省级总代那里做一次集中，全国20多个省级总代再定期地将数据集中到总部。也就是说，广泛采用低配置的服务器，进行多点分布计算，原本需要很多小型机才能完成的巨大负载，现在分担到众多服务器上来完成。最后，达到整个 IT 系统稳定和高效运行的目的。

3. 提升消费体验

为给消费者提供专业、快速、时尚、简单、高科技的消费体验，2013年，劲霸男装掀起了寻找全国"茄客"的活动，并在活动中推出了公司首创的"APP 型格测试"系统。消费者在系统中分别对脸型、发型、气质、型格、着装喜好等几个方面进行了点击选择之后，系统就可以判断出消费者的着装风格，并给出合适的搭配推荐。这款"APP 型格测试"将复杂的男士着装选择浓缩到简单的几个步骤中，通过图文结合的方式，让消费者快速定位自己的风格，找到专属于自己的服装，完成"型格测试"只需不到5分钟的时间。

在劲霸看来，终端形象与品牌基因融合的本质是一个战略定位运营配合落地的执行运营问题。明确自己的目标客户群，将一切创新和调整都围绕创富族群来开展，渠道、终端、形象、广告、客户体验，这一切都以符合目标定位的特点为前提。劲霸男装不断升级零售环境，聘请专业设计公司设计店面形象，并为每个实体门店打造专属的"劲霸云店"微信小程序，突破时间与空间限制，延展店铺空间，扩容营业时间，重构"人、货、场"之间的关系。

2014年，劲霸联合 V5SHOP，共同开发了一个微信分销系统。V5SHOP 微信分销系统，是用"微信商城＋微分销""两级分销＋两类佣金"两级佣金的模式，定位于企业级微信商城平台，帮助企业发展多层分销商，开展多层级的微信营销模式。这是一款以总部布控，发动店员、职员等移动端零售人员发展二级店铺的微信店中店系统，协助企业打造"企业微商城＋粉丝微店＋员工微店"的多层级微信营销模式。劲霸希望基于朋友圈的传播，店中店模式可快速复制店铺，将成千上万的粉丝变成微信分销商，迅速扩展销售渠道并提升产品知名度。

2019年11月6日，劲霸男装携手中国服装协会在内的多家权威行业协会及服装专业知名院校，正式启动了《中国男士着装美学白皮书》项目。该项目将以体系化、专业化、高度总结性的知识与信息，为中国男士提供更具普适性、更可借鉴、更适合自己的着装美学指南。之后，劲霸男装依托"着装美学管家"专业配装服务，推出"劲霸上门配装服务"小程序，从坐商到行商，解决创富族群没时间到店又希望提升着装品位的痛点。

为适应消费者新的触媒习惯，劲霸男装及时将自己的营销阵地从电视台转移至新媒体平台，构建起以主流社交媒体平台（如微博、微信）为主，重点新闻类平台、视频类平台等为辅的自媒体矩阵。

四、家族传承，企业责任

（一）家族传承

在漫长的时间流变里，有品牌烟消云散，有品牌试探着迂回前进。走过40年的劲霸男装，历经三代，成了"茄克"的一个象征，一个"专注做一件事"的同义词，一个"注重传承"的坐标系（图1-9）。一个家族企业如何能在这个时代坚守与创新？

图1-9　从左到右：劲霸男装劲二代——董事长洪忠信；劲一代——创始人洪肇明；劲三代——CEO兼创意总监洪伯明

1. 第一代掌门人——洪肇明先生

1980 年，洪肇明先生带领家人从两扇门板起步，开始了充满艰辛和希望的创业之路。创业的辛苦，坚定了洪肇明先生的想法——"一个人一辈子能把一件事做好就不得了"，这句朴实的话成为劲霸品牌运营、企业经营的核心价值观，并传承至今。

企业家是引导企业发展的灵魂人物，他们对于公司的定位与发展的规划将决定一个企业的走向。

2. 第二代掌门人——洪忠信先生

改革开放 40 年，看着很多早期的优秀民营企业家一波一波踌躇满志地创业，然后一波一波地烟消云散，洪忠信先生对此记忆犹新。父亲从小用"一代舔盐蘸醋、二代长衣阔裤、三代典产卖祖"警醒洪忠信先生。因此，洪忠信先生意识到，一个家族的传承，有两个核心的主轴：精神财富、物质财富。物质财富不可永生、不可持续，但文化的传承、精神的传承是可以生生不息的。希望劲霸能够成为传之有序、承之有道的家族企业，为此，劲霸男装成立了家族管理委员会。

家族传承最难的点就是文化、理念的传承。洪忠信先生接班时，父亲洪肇明先生一直身体力行做了很多事情，告诉下一代什么是闽商精神、什么是企业家的责任担当、什么是为社会创造价值。"有劲"——闯劲、干劲、拼劲，这个是劲霸男装的企业文化，也是劲霸三代传承的家族文化理念。洪忠信先生在家族管理上坚信："家族亲情的管理，关键是几个核心的人物要以身作则，用榜样式的行为方式来影响家族的亲人、兄弟姐妹和后代们，慢慢变成一种习惯。正是通过这种潜移默化的习惯的力量，才能形成一种精神的传承，一种文化的传承。"

当然，传承不是守业，而是重新创业，是在原有积累的基础上，更好地去创新，更好地去创造价值。创始人洪肇明先生拆下两个门板做裁床，当时只有一个想法，就是如何活下去；十几岁的洪忠信先生白天读书，晚上陪父亲裁剪、缝边、倒扣、包装等，到晚上 12 点再做作业，也是创造；洪伯明现在接棒，更是创造。只是每个阶段创造的时机、条件都是不一样的。

传承过程还会出现各种各样的问题。洪忠信先生坚守"三不"原则：帮忙不添乱，你有需要我帮助的，我随叫随到；到位不越位，你需要我参加什么会议、讨论什么重要工作等，我可以说出我的观点，但决策你自己来；导师不导航，这次你接班等于是劲霸男装的重新创业，我可以成为你的导师，但企业、人生的航线的"舵"需要你自己把握。

3. 第三代掌门人——洪伯明先生

洪伯明先生 2013 年从东华大学毕业后，起初并不想回到家族企业。他想去创业的决定，并没有遭到家里的反对。热爱艺术创造的洪伯明曾创立创意工作室、售卖自我创作的画。其中，卖画的时间大概持续了三个月。三个月后，洪伯明停下了，画不下去了。

洪忠信很愿意让洪伯明做尽可能多的尝试："绝大部分艺术家的灵感和创意，都源于其积累了丰富的心路历程和人生阅历。你还很年轻，画不下去是自然规律，遇到挫折也是必经之路，我觉得甚好。"在他看来，无论是做不同的工作，还是去理解人生旅途上所有流光溢彩的生活原点，都应放手让孩子去做。他曾说："如果是坑就让孩子都去踩一遍；如果是实践之道，就更要有一个最佳实践。"

创业失败后，洪伯明到了一家咨询公司工作。这段经常需要查资料到凌晨4点，并赶一早航班的经历，让洪伯明接触了大量的企业案例。也是在这段时间，洪伯明认识了许多晋江企业的接班人。这些与他以往接触的从事艺术的伙伴不同，对企业经营、家族传承有着强烈使命感的"创二代"，让洪伯明对责任担当有了更深的理解。

拐点发生在2017年11月。洪伯明主动要求进入劲霸男装，催促他回企业的，是一份紧迫感。"市场需求的不断扩大、中国消费习惯的快速变化、传播媒介的革命性转变，以及创新力和数字化都给服装行业带来了挑战"。除了现有核心客群，越来越多年轻人也开始关注劲霸男装，洪伯明深知，品牌和组织都走到了历史的转折点，而科班出身、贴近年轻消费者的自己，有专业的知识储备和良好的业务基础，能够充分扮演好企业内部的齿轮角色。

不承认"套路"过儿子的洪忠信，却不否认，自己内心一直期待着洪伯明回劲霸男装的那天。只是那天到来时，这个严格的父亲还是忍不住做了一个测试。测试的方式看似简单，却是一次高低立判的谈话：转变态度的原因、对企业未来发展的思路和建议，并对儿子提出了比其他伙伴更为严格的要求。

2019年1月1日是洪伯明正式上任代理CEO的日子。作为代理CEO兼创意总监，洪伯明交出的第一份作品，是2019年劲霸男装推出的"ZHù发财"新年主题胶囊系列。在此后一年中，漫威合作款、"有劲青年"胶囊系列等年轻化产品，接连出现在消费者眼中。在打动消费者的同时，这一系列产品也成为洪忠信2019年"翻牌"最多的服饰。而洪伯明真正进入大众视野的"首秀"，是2019年3月在海拔-88米的上海深坑酒店完成的劲霸男装"茄克引力"——茄克专场秀。这场大秀的微博话题阅读量，短短几日便有近7000万。

除了这一系列品牌时尚化升级，洪伯明2019年工作的另一大主题是对品牌运作背后的商业组织进行升级。为此，他亲任K-BOY管培生项目组组长，在一年内走进十多所高校揽才，将更多新鲜血液注入企业。

劲霸拥有自己的"家族宪法"，它规定家族成员在进入家族企业之前，需要拥有大公司两年以上的工作经验，或者拥有两年以上的创业经验，或者是当过兵。虽然劲霸是本土品牌，但一直在对标国际上的优秀企业和品牌，尤其是时尚行业中的家族企业，包括爱马仕、杰尼亚、普拉达。劲霸很早就开始研究服装行业乃至其他各个行业的家族企业，也得出了一些规律来完善"家族宪法"。"家族宪法"从家族成员如何进入公司，到进入公司后须在多少时间内具备成长为公司高管的潜质，再到能力不足被劝退都有明文规定。因为当企业达到一定规模，它就不再是单个家族的企业，家族只是这个企业的持有者，它真正的价值是属于社会的。所以让企业更健康、可持续地发展下去，才是家族在管理企业过程中最核心的使命和任务。

回首过去的 40 年，劲霸经历了洪肇明、洪忠信、洪伯明三代掌门人。1980 年创业至今，劲霸已经成为中国商务休闲男装第一价值品牌，且连续 17 年入围"中国 500 最具价值品牌"；不仅已经在上海站稳脚跟，公司管理更是完成了制度化、职业化的蜕变；家族治理卓有成效，成立了家族委员会，建立了家族理事会等治理机构，家族会议、家族学习、三代进入企业等制度已经建立。劲霸已经真正成长为富有活力、能够抵御各种风险、具备基业长青机制的现代化企业。

劲一代白手起家，为 40 年的理想航程筑下坚固的方舟；劲二代掌舵操盘，一往无前，乘风破浪，引领企业成长为中国商务休闲男装标志性品牌；劲三代战略创新，开辟企业新的理想疆土，开启多品牌、多品项集团化发展，力推企业全面转型升级。三次创业，前行的激情不退；三代传承，拼搏与创新的精神不灭。40 年间，三代人在中国男装江湖风起云涌、翻腾弄潮的每一天，都是创业、创新的日子。

（二）企业责任

作为中国民营企业的代表，在过去的 40 年中，劲霸一直默默致力于弘扬慈善、扶贫济困，履行企业应尽的社会责任。

40 年前的劲霸，只是福建晋江的一个家族作坊，它和当时国内刚刚起步的其他民族品牌企业一样，经历了从无到有、从小到大、从弱到强的风雨历程。创业伊始，劲霸董事局主席洪肇明就一直倡导企业要有"六心"，即雄心、信心、专心、诚心、良心、爱心。而良心和爱心则最被他看重，无论是在生产经营最困难的时候，还是在企业的快速扩张期，洪肇明始终坚守着。他常说："一个企业社会责任感的高度决定了自身发展的高度。我希望，在我们家族，慈善事业能代代相传。企业最重要的是做两件事——打造品牌和做公益事业，唯有这两件事才能流芳千古。"

劲霸男装结合中国服装行业的现状，加上独特的国际视野，2005 年首创了国内第一所"茄克大学"，努力为茄克产业发展培养出一批具有较强实力的专业人才。2010年，经中国合格评定国家认可委员会（CNAS）审定，劲霸男装茄克实验室的6个检测项目正式通过认可。此外，劲霸男装还领衔制订与修订茄克国家标准，与中国流行色协会携手建立"中国茄克色彩研发基地"……劲霸男装不遗余力地参与到茄克行业的每一件事情中，劲霸希望茄克实验室不仅是劲霸男装的检验所和试验田，更要成为整个中国服装产业的技术孵化器。

低碳是近年来的一个热门词语，作为一个有责任感的企业，劲霸男装身体力行。在面料的选择上，对有害物质超过标准的面辅料坚决不予采购；在款式的设计上，也结合环保思想，融入新的绿色设计元素。在低碳耐折茄克的开发中，除了选用环保可降解材料，对纱线进行特殊回弹记忆工艺处理，还在整件衣服的缝线中专门采用了自主研发的一种缝纫设备进行制作，不但使整件衣服缝制工时缩短了20%，而且使衣服的工艺外观满意度有了明显提升。

2019年，劲霸男装携手三大权威行业协会及五所服装专业知名院校，正式启动了《中国男士着装美学白皮书》项目。《中国男士着装美学白皮书》项目将集合众多行业专家、学者、教授，以高度专业性与权威视角，共同开展调研、信息收集、撰写及整合梳理工作。从适合中国男士的服装轮廓、色彩搭配，到中国男士着装消费习惯的变迁，从着装的艺术学特征到着装的社会学属性，《中国男士着装美学白皮书》都将一一囊括。白皮书也将为院校与行业提供丰富且具权威性的信息与资料，促进中国服装设计教育的发展；并为中国男装产业的创新与升级找到更契合消费者需求的切入点与发力点，向世界传递中国人自己的着装美学与时尚文化软实力。作为项目发起方，劲霸男装CEO兼创意总监洪伯明表示："民族品牌的崛起，不能单纯被市场牵着跑，也不能单纯追逐时尚和流行，而要保持初心。对男士着装美学的研究与践行，将成为中国男装行业、企业及设计师的养分，为未来的行业升级做贡献，引领时尚产业不断前行。"

2019年底，劲霸男装成为中国企业签署《联合国气候变化框架公约》（简称：UNFCCC）时尚产业气候行动宪章的第一家中国品牌。劲霸男装首席执行官洪伯明认为，积极应对气候变化，将给全球时尚产业的发展带来新契机，企业将通过新能源、循环材料等科技手段创造产业新价值。创造价值的关键是创造新事物，旧衣再造并不是买卖旧东西，而是通过时尚创新，重生产品并育化青年，通过生态公益经济提升价值。

2020年，作为拥有40年发展历程的中国商务休闲男装品牌，劲霸男装心系疫情前线，尽力而为。劲霸男装捐赠300万元，在中国青少年发展基金会设立"劲霸男装公益基金"。2月7日，又向英林心公益基金会捐助100万元，用于专项采购抗疫物资。1月29日，在了解到黄冈市中心医院有500件羽绒服物资需求后，当晚公司便召集工作人员，争分夺秒向疫区驰援。此后，又分别向晋江市英林心公益慈善基金会捐赠了700余件羽绒服，向上海市枫泾防疫安检工作人员捐赠了300件羽绒服……截至2月13日，劲霸男装共计捐助410万元，衣物7788件，口罩1万个。

五、破茧化蝶，智创未来

劲霸将创始人洪肇明所说的那句"一个人一辈子能把一件事做好就不得了"奉为最高信条，40年来只做一件事情，那就是"让茄克和劲霸之间画上等号"。正是秉持这样简单到极致的经营思路，劲霸男装才能够在各种纷纷扰扰的营销概念之中，始终坚守以茄克为主导的商务休闲男装定位，让品牌在顾客心中达到真正的差异化。专注，坚持不懈的专注，已经成为劲霸男装品牌不断进步的最大推手。

永远创业，不断创新，已成为劲霸男装深入骨髓的发展基因。2020年，劲霸男装发起"第三次创业"，正式开启"多品牌，多品项"发展战略，主线品牌继续深耕茄克领先的商务休闲男装，推出劲霸男装高端轻奢系列KB HONG、精品配饰线KBXNG、轻时尚商务品牌随简、国际潮流买手集合平台ENG、童装品牌LITTLE HONG，整合配称，形成矩阵式立体化发展格局，向着品牌更丰富多元、更具创新能力的国际化时尚集团发展（图1-10）。

图1-10 "多品牌，多品项"发展战略

劲霸男装始终坚持"引领中国茄克走向世界"的品牌使命，全力打造"中国男装第一品牌，世界茄克第一品牌"。作为一个有着远大产业理想和抱负的企业，这是一个行业领导者必须承担的使命。因爱拼敢赢，成就中国男装领域一个又一个传奇；因匠心专注，为中国男士打造出一件又一件更好的茄克。过去的40年，劲霸男装用一件好茄克让时代看见每一个戮力奋进的鲜活面庞；未来60年，怀揣百年理想的劲霸，期冀用一件更好的茄克让时代记住每一个自信向前的挺拔身姿。面对新时代的机遇和挑战，劲霸男装坚信，与时代同频共振的创新变革能指引未来的发展方向；不断修炼内功、增强国际化视野与竞争力，才能在男装产业领域走出中国人自强不息的奋斗精神与大国文化的气度和自信。

（常静）

参考文献

［1］胡利霞. 三十而励　专注引领发展　专访劲霸男装股份有限公司副总裁连进［J］. 广告人，2010（5）：104-105.

［2］李英. 劲霸，走向"世界"［J］. 纺织服装周刊，2010（34）：68-69.

［3］晋江商人. 劲霸洪伯明：新 CEO 上台周年记［EB/OL］.（2019-12-17）. https://baijiahao. baidu. com/s? id=1653168828979999190. html.

第二章
大杨集团：全球最大的智能化服装定制标杆

总部位于辽宁大连的大杨集团，是全球最大的西装生产制造企业，也是全球最大的服装定制企业。在超过 40 年的发展历程中，大杨集团经过几次重大转型，由一家位于东北乡镇的民营企业，发展成全球最大的智能化单量单裁定制标杆企业，并于 2020 年被国家工信部评为新型信息消费示范项目，是百项入选项目中仅有的两项服装类项目之一，其成功经验的归纳与推广，必将对我国时尚纺织类企业的转型升级产生深远影响。

一、企业概况

大杨集团创建于 1979 年 9 月，是中国西装出口冠军企业，也是全球最大的西装定制企业。当前，大杨集团年服装综合生产加工能力为 1100 万件／套，其营销网络遍布美国、加拿大、澳大利亚、英国、日本以及韩国等 20 多个国家和地区。年西服出口量600 万件／套，全国排名第一。其中，年定制产品总量已突破 130 万件／套，涵盖西装、衬衫、大衣、休闲装、女装、裤子、茄克等多个品类。在自主研发的信息系统支持下，订单最快 4 个工作日交付。

近年来，大杨集团全面实施"大杨定制全球化战略"，以自主开发的信息化平台为依托，以工厂的智能化改造为手段，实现多品种、小批量、高品质、快速反应的定制化生产模式。其中，集团旗下贸大智能化定制工厂于 2018 年竣工投入使用，并通过国家"两化"融合管理体系评定。2019 年 9 月，一座建筑面积上万平方米、配备国际先进智能设备的新大通智能化单裁定制工厂也正式启动投产，年生产能力达 90 万件／套。

梳理大杨集团发展中关键大事可将其发展分为以下几个阶段。

（一）初创期的外贸加工阶段

1979 年，李桂莲女士带领 85 人白手起家创建"杨树房服装厂"。

1981 年，正式承接外贸加工订单。

1985 年，在大连开发区创办服装企业。

1988 年，设立第一家合资企业——大连兴华服装有限公司。

（二）扩张期的品牌经营阶段

1992 年，被国家外经贸部赋予进出口自营权。

1993 年，大杨集团正式成立。

1994 年，大杨集团被国家经贸委授予"国家大型企业"，被国家统计局评为"全国服装行业排序第一"。

1995 年，大连大杨创世股份有限公司推出创世（TRANDS）男装品牌。

2002～2006 年，创世（TRANDS）品牌被国家工商局评为"中国驰名商标"，被对外经济贸易合作部评为"出口名牌产品"，被国家质量监督检验检疫总局评为"中国名牌产品"，获得国家质量监督检验检疫总局颁发的进出口商品免验证书。

（三）转型期的智能制造阶段

2010 年，大杨集团全面启动 T-BY-TRANDS 美国单量单裁项目，将自主品牌推向海外市场。

2016 年，大杨集团被辽宁省确定为首批"智能制造及智能服务试点示范标杆企业"。

2020 年，大杨集团的"支持深度定制与即时体验的全品类服装个性定制化项目"被工信部评为"新型信息消费示范项目"。

二、面向个性化需求的单量单裁市场定位

现代营销观念将满足消费者未被满足的需求作为营销活动的出发点，并且认为营销战略应先行于企业其他所有经营活动；创新管理理论也明确指出，只有获得市场认可（即成功执行营销战略）的技术创新，才是有效的创新成果。因此，对于创新型企业的经营活动分析，应结合其营销战略、市场定位。

大杨集团作为智能化定制生产的全球领先企业，技术创新能力毋庸置疑已成为其核心竞争力。其进行技术创新的方向，由面向个性化需求的单量单裁市场定位决定。

（一）开拓海外市场，建立稳定合作关系

大杨集团在建立之初是一家生产加工型的外贸企业，由最初的国内分包或转包订

单开始，逐步独立接单，进入海外市场。1981年，与美国派斯拉姆公司签订的24000件条绒西服订单，是当时还名为"杨树房服装厂"的大杨集团承接的第一笔出口订单。1984年，大杨集团通过外贸公司承接日本的出口订单。自此改变转接国有企业加工订单的历史，企业由生产加工型转向经营贸易型，开始直接进入国际市场。为迅速进入海外市场，大杨集团2016年开始进行海外并购，先后并购了加拿大的1家公司以及澳大利亚的2家公司。

目前，大杨集团的营销网络遍布美国、加拿大、澳大利亚、英国、日本以及韩国等20多个国家和地区，与多年合作的重要合作伙伴建立了长期良好关系，设置"大杨集团全球杰出合作伙伴奖""大杨集团国际杰出专家贡献奖"等。

大杨集团关注产品质量与生产管理，与其合作过的企业多数已成为稳定的合作伙伴。大杨集团属于国内服装制造企业中较早推行质量认证的企业之一，自1997年启动质量体系认证工作以来，已先后通过ISO 9001质量管理体系认证、ISO 14001环境管理体系认证、OHSAS18001：1999职业健康安全管理体系认证三大体系认证，在发展初期即建立了符合国际标准的生产管理体系。

除此之外，大杨集团还积极参与服装标准的制定，是"中国服装智能制造技术创新战略联盟"创始会员。2016年，大连市中小学生校服标准联盟、大连服装职业教育集团、大连学生装研发创新中心等联合主办"《大连市中小学生校服》联盟标准"新闻发布会。该联盟标准的制定，由大杨集团组织牵头，与辽宁科诺纺织服装检测有限公司、大连市标准化研究院、大连市产品质量检测研究院、大连工业大学服装学院、辽宁轻工职业学院等20余家发起单位共同完成。

（二）面向个性化需求，制定全球化定制战略

大杨集团在海外市场采用加工贸易获得国际市场认可，并积累大量成功的生产经验后，也认识到国内服装市场潜力，尤其是面向个性化需求单量单裁的市场潜力巨大，随即开始采用自有品牌进入国内高端定制市场，并随着智能制造生产系统改造的完成，将市场范围扩展至全球，实施全球化定制战略。

1. 品牌化经营

大杨集团早期的营销战略经历了品牌从无到有，这也是多数外贸加工型服装企业的常见发展过程。企业自主接单后，认识到品牌对于开拓市场、长期发展的重要意义，开始建立自有品牌。大杨集团于1994年推出创世（TRANDS）男装品牌，标志其进入国内市场（图2-1）。

图2-1 大杨集团的创世（TRANDS）品牌

大杨集团创世（TRANDS）品牌定位于西服定制的高端市场，该品牌先后获得"中国出口名牌""中国最具市场竞争力品牌""中国驰名商标""中国名牌产品"等多项荣誉。

为开拓更广阔市场，大杨集团根据不同的产品类型，建立品牌族群。目前已形成拥有高级男装品牌创世（TRANDS）、新锐时尚品牌优·搜·酷（YOUSOKU）、高级商务职业装凯门以及学生装品牌凯门学生装（KEYYMEN KIDS）四大自主品牌的品牌群，分别定位于高端商务人士、中青精英人士、学生群体等。

2. 高端市场定位

创世（TRANDS）品牌明确定位于西服高端定制品牌，被中国服装协会评价为"代表中国男装的最高品质"，并获得中国服装协会颁发的中国服装品牌品质大奖。该品牌聘请前阿玛尼（Armani）男装首席设计师伊万诺·凯特琳先生主持产品板型开发。2017年，大杨集团推出纯手缝西装定制专线——洋尔特公司全手缝高端定制小线，引进意大利拿波里手缝工艺，由13人全手工完成拱缝、倒缝、花针缝及手针锁眼等多道工序，成为集团首条纯手缝定制专线。

大杨集团借助名人效应，在消费者认知中实现高端市场定位。大杨集团最早被国人熟知，主要是其营销推广策略中采用名人效应措施的成果。世界"股神"沃伦·巴菲特先生、世界经济论坛主席克劳斯·施瓦布教授等全球知名精英人士作为创世品牌定制西服的忠实客户，让国内消费者迅速熟知了这一在国外闻名已久的服装高端品牌。

名人效应令消费者知晓品牌，而体验营销令消费者理解品牌。2016 年，大杨集团在其上海某办事处举行定制量体培训，面向开展定制业务的老板、量体师和店长等，进行判定消费者穿衣习惯及体型需求、测量消费者净尺寸及成衣尺寸、挑选试号样衣及量体项目调整等内容的试做体验活动。

3. 全球化定制战略

大杨集团通过加工贸易在国际市场取得成功，采用自有品牌在国内市场获得认可，加上清楚认识到单量单裁市场的巨大，开始制定并实施"大杨定制全球化战略"，自主研发信息化平台，进行工厂的智能化改造，从而在全球推广定制化生产与服务。大杨集团的定制化生产模式正是大规模定制模式的典型应用，体现了多品种、小批量、高品质、快速反应等特征。

大杨集团的定制服务有步骤清晰的流程图，使与其合作的门店、量体师等定制服务终端可以便捷地提供高端定制服务。包括面辅料卡、试样手册、试号样衣的选择库；量体方法和下单程序的专业培训；甚至可以利用信息化平台，直接向客户提供定制个性服务方案等。

三、实施全程协同化的智能制造生产系统

作为第四次工业革命核心动力的智能制造，强调从全局视角实施面向产品制造全流程的过程控制。与传统制造模式相比，智能制造对生产过程的控制是基于精确的过程跟踪以及实时的数据获取，因此可在满足多样化、个性化用户需求的同时，实现柔性过程管理。

大杨集团基于自主研发的信息化管理系统与进行了彻底智能化改造的智能化生产系统，实现了全程协同化的智能制造生产过程。这一生产系统，可实时响应客户需求的频繁变动、供应链网络的优化调整以及制作现场的任务急缓等。

（一）全产业链的智能化生产系统

日益普遍的个性化需求，直接导致服装定制市场迅速发展。大杨集团的智能化生产系统恰好适用于这一服装市场发展趋势，具有广阔的市场发展潜力（图 2-2）。

图 2-2　大杨集团的智能化生产车间

通常理解中，规模化生产与个性化需求往往很难平衡。大批量的规模化生产，一般产品样式单一，虽然极大降低了生产成本，但会牺牲对消费者个性化需求的满足程度；存在差异的个性化需求，由于产品非标准化，无法实现批量生产，虽然满足了消费者的个性化需求，却只能小批量生产，往往生产成本较高。

但如果能在具有大量客户需求相关信息的庞大数据库的支撑下，将整体产品划分为更小的产品模块，对产品模块实现规模化生产，再通过终端进行组合，则能很好地实现规模化生产与个性化需求之间的平衡。这就是敏捷生产或柔性生产的核心思想。而敏捷生产在服装领域的应用，就是规模化的单量单裁。

服装制造企业实施大规模定制，需要建立依托于大数据、物联网、云计算等先进技术的智能化生产系统，实现所有环节的数据化、智能化。主要的生产环节包括面向客户端的板型设计与匹配、量体下单，面向供应商的面辅料存储及运送，面向生产端的面料裁剪、服装缝制、成品仓储等。使用的相关技术或系统主要包括收集客户体型及个性化需求信息的服装定制数据采集系统、筛选及管理面辅料、产品模块、产成品的智能分拣仓储系统、RFID 系统、智能配送系统，生产过程的自动铺布与裁剪、智能吊挂系统，设计过程及远程生产协作过程的 3D 技术等。

在以上重要的生产环节中采用智能化制造技术，即可实现全程系统化的智能化生产过程。使用服装定制数据采集系统，从客户端收集量体数据及客户需求信息；使用智能分拣系统进行板型及面辅料的自动匹配，从面辅料仓库中提取对应的原材料，再进入生产过程中进行自动排板及裁剪，并采用 RFID 标签和智能吊挂系统制成半成品，即产品模块；采用智能拼接系统，自动传送过程中完成的每一道工序，制成成品；最后使用智能分拣及仓储物流系统，将产品最终配送至消费者手中，同时消费者可实时追踪配送信息。

大杨集团的智能化生产系统，从面辅料采购、接收订单到物流出货，全产业链实行敏捷生产，从而实现了大规模的单量单裁。其生产系统的主要作用体现在以下几方面：

（1）进行生产车间改造。由之前的每年进行数条生产线改造，直到 2017 年和 2018 年生产车间的整体翻建，大杨集团建成"大杨集团全球服装智能化柔性定制工厂"和"新大通智能化单裁定制工厂"两个智能化工厂，从而极大提升了单裁定制西服的生产能力。

（2）建立智能仓储系统。在生产线中实现自动分包，根据包装派发需求在达五六层的立体仓库中进行仓储与发货，从而避免了人工仓储的低效率。

（3）设置智能调换模式。在生产现场，实行常规通道和加急通道的双轨交替模式，应对加急订单。而这种应急处理系统的设置，大大提升了客户对大杨集团服务的信赖感，令大杨集团把握住了更多的市场商机。

大杨集团的智能化生产系统，不但能实现西装的规模化定制生产，对于大衣、女装、衬衫、茄克等均适用，从而使企业得以实现全品类定制（图2-3）。

图 2-3　大杨集团的信息化管理系统

（二）自主研发的信息化管理系统

全产业链智能化生产系统的顺利使用，必然建立在兼容各生产环节的信息化管理系统平台之上。若面向客户端、供应商端、生产端、物流配送端的各环节使用互不兼容的信息系统，必然无法顺利实现信息共享，从而无法有效协同。因此，必须建立起统一的信息化管理系统，将由不同供应商提供的客户信息采集系统、分拣生产系统、仓储配送系统等进行协调，从而提高智能化生产系统的使用效率。

1. 实现生产全流程的信息化管理

目前，大杨集团内部的生产、外部的外贸订单信息完全纳入信息化管理系统中，实行全程协同的信息化管理。例如，生产车间实现机器人智能传送；生产系统与仓储系统实现智能配对，即不同生产线的产品，直接按订单实现配套打包；生产系统与面辅料系统实现对接，可及时补充原料，甚至可将客户提供的面辅料直接纳入生产系统中。

大杨集团的信息化管理平台主要包括大杨业务系统、创世信息系统、大杨定制系统、大杨板型处理系统、MES系统、定制面料库存管理系统六大系统。而这个信息化管理平台是大杨集团投入超过十年的时间，组建国内外信息技术团队，自主研发的国际化信息系统，也是其获批工信部新型信息消费示范项目的核心成果。可以说，大杨集团的信息化管理系统是其智能化生产系统得以顺利使用的基础。

2. 进行海量数据的搜集与使用

大杨集团自主研发的信息化管理平台，除作为各生产环节的兼容界面外，还发挥着收集海量数据的重要作用，而这对于大杨集团实施大规模定制、推行全球化定制战略至关重要。

服装企业提供大规模定制化产品，需要尽可能详备数据库，而这些数据库只能依靠海量数据分析获取。例如，客户体型、面料色质、板样数据、工序工艺等，搜集的数据越详备，对客户个性化需求的满足就能越精准。详备的数据库可以生产出更符合定制化需求的产品，从而吸引来更多的消费者；而更多的消费者则会不断扩大数据库的基础分析数据来源，进而提升数据库的精准程度，最终实现数据库不断升级与消费者个性化需求日益满足的良性循环。

大杨集团非常重视海量数据的积累与利用。例如，收集海量的客户体型数据，建立产品板型的精准数据库，解决了服装定制合体度这一瓶颈问题，在美国针对东西海岸市场、在国内针对长江南北市场开发不同的产品板型，从而做到针对不同市场推出不同且合适的板型。数据库除在客户定制下单阶段用于客户体型精准信息收集外，还可与面料库、生产车间等平台进行信息共享，提供款式、面辅料、工艺等推荐的产品组合信息，提高客户订购的效率。

为此，大杨集团建立了数据处理中心，进行客户端、生产端与物流配送端的信息化数据收集、分析、整理、共享与发布等，实现数据的实时交互。其中，大杨集团信息化管理系统的体型库、面辅料库、AI 应用等方面使用频率较多。例如，面向大规模零售店、个体专卖店提供的团队定制制作服务；面向终端客户进行虚拟试衣的人机交互界面；与终端客户共享生产进度信息的实时信息共享等。这些应用可以共享海量体型库，加上仿真试穿等实时互动的进一步修订，最终达到提高定制产品精准度的效果。

四、以人为本的民营企业文化建设

（一）党建工作保证正确发展方向

作为一家民营企业，大杨集团的党建工作所起作用明显优于其他同类型企业。大杨集团建有完善的各级党组织，积极开展各类组织活动，党员干部及员工在集团内各级管理层均发挥重要作用。

大杨集团的党建工作起到了把控企业发展方向、推进企业改革进程的思想保障作用，促使企业不仅考虑经营效益，也不遗余力从事社会慈善事业，积极承担社会责任。大杨集团关注员工需求，自 1991 年起就开始兴建职工家属楼，先后投资数亿元，建设 20 余万平方米的职工住宅小区，解决了职工安居问题。此外，大杨集团先后投入超 1.29 亿用于国家精准扶贫类项目；自 2010 年起，定点帮扶大连普兰店区的墨盘村，在当地援建服装厂助其脱贫；2019 年，董事长李桂莲向大连市慈善基金会捐赠 1000 万元，成立"李桂莲慈善基金"，用于帮扶普兰店区的乳腺癌患者、支援老年社区公益建设和特殊困难职工救助等社会救助项目；在 2020 年的新冠疫情期间，大杨集团成立防控疫情专项基金，向大连普兰店区慈善总会捐款 1000 万元。

正是由于大杨集团坚持了正确的思想政治方向，不但对当地经济税收、劳动就业等有重要贡献，同时也引导民营企业重视党建工作，因而被树立为非国营经济实体的党建工作典范，得到当地政府的大力支持。例如，2019 年大杨集团举办了四十周年庆典活动，以"聚变初心不变"为主题，在回顾企业跨越式发展历程的同时，梳理企业党建工作成就。不但有众多的海内外重要客户及合作伙伴参加，更有国家和辽宁省行业协会、大连市市政府等相关领导参加。

（二）企业文化保证健康发展心态

在大杨集团四十多年的发展历程中，形成了自己独特的企业文化，而且各项日常文化活动、纪念活动、文化展示等均保证了企业在健康发展的同时，保有健康年轻的企业氛围与员工心态（图2-4）。

（a）

（b）

图2-4　大杨服装文化展示中心

大杨集团的企业文化建设活动主要体现在以下几方面：

（1）日常管理中注重人文关怀。例如，及时表彰企业内部业绩突出、表现优秀的各级员工。

（2）日常管理中注重文化记录。例如，大杨集团对于企业发生的重大标志性事件，会有专人进行记录及报道，逐渐积累了企业成绩的珍贵资料。典型的成果就是系列丛书《大杨记忆》，详细记载了大杨集团的发展历程。此外，建筑面积超万平方米的"大杨服装文化展示中心"，是国内同类展馆中建筑体量最大、展览内容最丰富、场馆功能最齐全的展馆，是大杨集团企业文化面向全世界的展示平台。

（3）重要时点中注重纪念活动。例如，大杨集团成立四十周年庆典活动，不但邀请了全体员工及重要的合作伙伴，还积极邀请所在地区的政府管理部门、行业协会组织参加，集中展现企业成就的同时，也是对企业文化的一次很好的宣传。

五、启示与展望

（一）智能化生产系统为大规模服装定制提供生产保障

大规模定制要求在满足个性化市场需求的同时实现低成本、高质量的规模化生产，这是传统的成衣化生产系统无法实现的，必须采用智能化生产系统。

智能化生产系统中面向客户端、供应端、生产端、物流配送端的各环节均进行基于敏捷生产理念的改造，将单个客户的个性化需求碎片化或模块化，再进行大量客户需求的重新组合后，实现模块产品的规模化生产，从而降低成本。同时，各环节之间实现协同管理，最终能在生产线终端集成或拼接出成衣，使消费者能迅速拿到符合自己特定需求的高质低价产品。

目前智能化生产系统多局限于某区域内进行，未来随着3D技术的推广使用，跨区域的协作生产、客户自制产品服务等可能为大规模服装定制带来生产方式的改变。

（二）信息化管理系统为大规模服装定制提供技术服务

智能化生产系统中各环节通过信息化管理平台实现数据共享，在各系统独立完成各自任务的同时，能与其他系统进行对接，最终实现生产系统中各环节任务的顺利完成。

信息化管理系统是智能化生产系统中各环节的兼容界面，保证了各环节系统的互联互通。客户通过定制平台提交个性化需求订单，分拣仓储系统根据定制平台的信息快速完成面辅料的匹配和选取，柔性加工系统接收到分拣仓储系统的信息进行快速生产，最终与物流配送系统对接。可见，兼容各系统、实现信息集成管理的信息化管理系统是智能化生产系统得以运行的基本保障。

物联网对于网内各节点信息及实物的管理，可能使大规模服装定制的物、人、信息高度融合，在一定程度上可以代替主要作为系统兼容界面的信息化管理系统。

（三）海量大数据分析为大规模服装定制提供数据支持

智能化生产系统、信息化管理系统的选择与应用，是建立在海量大数据精准分析的基础之上进行的，因此海量大数据分析为大规模定制提供了客观的数据支持。

海量大数据分析可将客户的个性化需求进行归类，是实现大规模定制的碎片化或模块化的基础过程。通过数据分析，将个性化需求碎片化成不同组成部分的不同型号，这是实行同型号规模化生产、不同部位再拼接的前提，也是开展智能化生产以及信息化管理的依据。

海量大数据不仅展示了消费者明确表达出的个性化需求，还能描述其消费特征。未来若能利用海量大数据进行客户行为预测，则可有效实现精准营销，推荐个性化产品，从而挖掘出潜在用户，甚至是开发用户新需求。

可以说，大规模服装定制是集海量大数据分析、信息化管理系统以及智能化生产系统为一体的现代服装生产模式。如果将海量大数据分析比作"思维"，信息化管理系统比作"命令"，智能化生产系统比作"工具"，那么大规模服装定制就可以看成是由"思维"分析后，发出统一"命令"并指挥"工具"去完成任务。

我国的服装产业链完整，服装加工生产历史悠久；国际服装个性化需求趋势日益凸显，单量单裁的市场空间巨大。大杨集团的智能化定制生产模式，不但能满足消费者个性化需求，而且能提供高品质、低价格、短周期的定制产品，使其在全球市场的成功成为必然。

经过四十多年的摸索，大杨集团由一家乡镇服装加工企业，发展成现在的全球知名服装制造企业，其多年的发展经验，也是我国民营经济发展的一个很好的学习范本。

（马琳，江影）

参考文献

[1] 大连大杨创世服饰有限公司 [EB/OL].（2020-09-14）. http：//www.trands.com/25.html.

[2] 中国工业和信息化部. 2020 年新型信息消费示范项目遴选结果公示 [EB/OL].

（2020-08-03）. http：//www.miit.gov.cn/n1146295/n7281310/c8042507/
content.html.

［3］张映锋，张党，任杉. 智能制造及其关键技术研究现状与趋势综述［J］. 机械科学与
技术，2019，38（3）：329-338.

［4］龚柏慧，袁蓉，朱晋陆，等. 智能制造对服装定制和设计的影响［J］. 上海纺织科技，
2017，45（6）：16-18.

［5］朱庆艳，费中华，石向阳. 服装企业智能制造转型模式的应用［J］. 染整技术，2020，
（7）：39-42.

［6］侯曦. 智能制造推动纺织产业转型升级［J］. 中国工业和信息化，2020（Z1）：40-
42.

［7］董正，常晓超. 四十年聚变 初心不变——大杨集团锐意奋进再出发［J］. 中国纺织，
2019（12）：124-127.

［8］郝杰，郭春花，徐长杰，等. 大杨集团有限责任公司推进"大杨定制全球化战略"
［J］. 纺织服装周刊，2019（16）：15.

［9］胡冬梅. 关于服装柔性化生产的思考［J］. 纺织科学研究，2019（11）：18-19.

［10］金鹏，沈雷，薛哲彬，等. 我国服装行业大规模定制的发展现状与策略分析［J］. 上
海纺织科技，2020，48（6）：1-4.

［11］张玉斌，刘艳华，胡玉良，等. 大规模服装定制与智能生产系统网络集成［J］. 天津
纺织科技，2018（4）：26-28.

［12］戴玉芳，李依璇，杜劲松，等. 服装 C2M 定制模式中的关键技术［J］. 服装学报，
2018，3（5）：390-394.

第三章
Play Lounge：引领新消费下的生活方式买手制新零售平台

在新零售和数字化的催生下，中国本土品牌面临着"中国制造"向"中国创造"的转型升级，设计师品牌作为中国创造的新锐力量，受益于本土买手店的成长和更多专业买手的助力，在中国得到了快速成长。买手店起源于欧洲，目前在中国仍处于快速发展和优胜劣汰的调整进程中。以"最美买手店"著称的 Play Lounge 隶属于赛伦盖蒂国际服饰有限公司。1998 年成立的云柏鞋业集团是 Play Lounge 的天使投资方和母集团公司。Play Lounge 不只是一家设计师品牌集合买手店，更是汇集了时尚设计单品、咖啡店、书吧、时尚家居和轻美容的生活方式集合平台。致力于打造将视觉、听觉、嗅觉、味觉、触觉五感合一，融为一体的最漂亮的体验空间。正如 Play Lounge 的设计师经纪人的角色一样，从供应链孵化、渠道搭建到媒体营销，Play Lounge 常年专注时尚跨界艺术交流，将中国设计推向全球舞台。

消费升级下的买手店，亟须转型升级，实现从买手店向时尚生态价值链平台的转型。为帮助设计师实现中国梦、助力服装产业中国创造升级、实现从加工代工到品牌构建的商业模式升级，Play Lounge 作为中国零售业新型买手业态的一匹黑马正在谱写它的时代。在未来，真正能够为消费者和市场带来价值的专业买手店才是中国创造发声的重要平台。

一、品牌简介及发展历程

Play Lounge 成立于 2014 年，是集时尚、文化与生活方式于一体的国内外设计师品牌的新零售平台。Play Lounge 简称"PL"意为漂亮，漂亮在 Play Lounge 看来，不只是外在的漂亮，更是一种以美为态度的核心生活方式。买手店内售卖服装、鞋、包、饰品、美妆、咖啡、小家居等多个品类，它以"时尚经纪人"的角色，旨在成为连接国内外设计师和消费者沟通的桥梁，立足中国本土市场，打造中国原创设计的摇篮。

在近六年的发展历程中，Play Lounge 经历了从买手店运营到设计师品牌生态系统运营的演变。最初，Play Lounge 通过代理韩国服装服饰产品在一线城市开设买手店打下了零售运营的基础。坚实的零售基因使 Play Lounge 能够在短短四年时间突破年销售亿元大关。在市场消费方式个性化需求和设计师品牌崛起的背景下，Play Lounge 从韩国服装代理向设计师品牌买手平台迅速转型，决心将全球设计师品牌带到大众消费的视野中，为设计师品牌的成长提供了坚实的零售沃土。

为了打造漂亮且具有地标性的店铺形象风格，Play Lounge 与意大利知名艺术家跨界联合打造充满艺术氛围的店铺形象，并与多个国际知名的设计师品牌合作，巧妙连接空间、人和物三者之间的多维关系，为消费者带来全新的感官体验。Play Lounge 自成立以来，力争将自己打造成繁华都市中一处好玩又有趣的时尚集合空间，通过资源整合并举办各类主题展览活动以及跨界交流活动向消费者展示设计师和艺术家的作品。

不同于传统的服装零售店铺，Play Lounge 能够站在艺术的视角解读当下的时尚潮流，向消费者呈现具有生活要素的"艺术映像"，打造设计师产业价值生态链核心，创立时尚产业的生活方式体验新零售模式（图 3-1）。

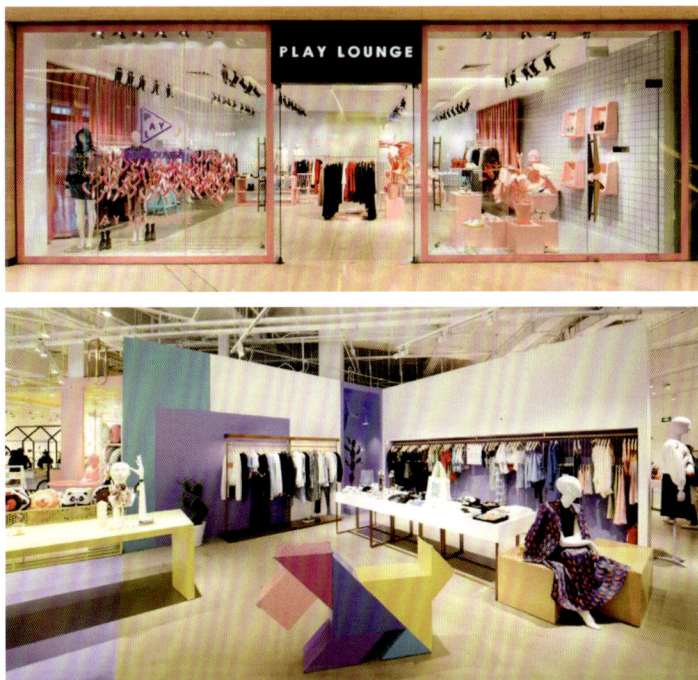

图 3-1　Play Lounge 实体店铺图

自 2016 年，马云在杭州云栖大会上初次提出"新零售"概念，即以消费者体验为中心的数据驱动的泛零售形态。Play Lounge 就积极投入新零售模式的布局和转型中。在线上，Play Lounge 自行开发了"漂亮商店"小程序，并上架了多个国内外设计师品牌的系列产品，消费者可线下体验后线上下单。为了给消费者带来更便捷和直观的客户体验，Play Lounge 推出 1 元"漂亮衣盒"服务，供消费者在线上选择自己的穿着场景、喜欢的风格及尺码，并一键确认，由专业的搭配师提供服装搭配及产品推荐服务。通过这样的策略，不仅拉近了买手店与消费者的距离、提升了消费者体验、提升了购买效率，积累了消费者购买偏好及画像的数据，为数字化打下了基础。

根据中国商业地产研究中心睿意德于 2016 年发布的《中国买手店研究报告》显示，国内三分之二的买手店已开展了电子商务服务，可见，国内设计师品牌买手店O2O 模式的雏形已逐渐展现，但还是蜻蜓点水，发展上仍有上升空间。下面我们通过商业模式画布的形式（图 3-2），更好地了解 Play Lounge 的创新商业模式。

重要合作 KP	关键业务 KA	核心价值 KV	客户关系 CR	目标客户 CS
商场合作方展会合作方 设计师品牌及全球供应商 技术合作方 系统开发商 媒体合作方	提供全球设计产品 孵化新锐设计师成长 开发时尚设计 IP 产品 提供一站式美丽服务	全球独立时尚设计产品 提供漂亮且潮流的生活方式体验空间 孵化助力设计师成长 个性化美丽定制服务	生活方式专业服务 与客户共同创造漂亮生活	白领中产阶级 Z 世代、千禧一代 追求时尚美丽的女性 全球设计师品牌及设计师
	核心资源 KR 国内外设计供应资源 品牌文化个性 时尚行业关系 一线商场资源 供应链合作团队		渠道通路 CH 线下渠道包括三家门店 线上渠道包括腾讯直播、天猫旗舰店、公众号、微信小程序	
成本结构 CS 品牌货品销售分成或采购成本 信息系统开发成本 销售及运营人员薪酬 物流及供应链成本 设计开发及原辅材料采购成本 媒体营销费用 店铺开设及运营成本			收入来源 RS 产品及服务销售收入	

图 3-2　Play Lounge 商业模式画布

1. 品牌组合及分布

合作的设计师主要以华东、华北、华南和海外的设计师为主。按照地域分为海外设计师品牌和国内独立设计师品牌。按设计师品牌品类可分为服装设计师品牌、箱包配饰设计师品牌、家居品牌及洗护品牌等。主要合作的设计师包括：Han Chong、Markus Lupfer、Steve J&Yoni P、Henry Holland、Yueyin Keong、Kun Lee、Wei

Lee、Changrong Wang、Baobao Mao、Yeesin Jiang 等近百位国内外新锐设计师，涉及相关品牌有 Self-Portrait、Markus Lupfer、Steve J&Yoni P&SJYP、House of Holland、Pollyanna Keong、ALICIA LEE、WANG CHANGRONG、CHICCO MAO、Yeesin 等新锐设计师品牌。

2. 产品价格带分布

设计师品牌服装品类核心销售价格分布：春夏 500～2500 元、秋冬 1001～2500 元为主。配饰品类主要以 100～1000 元价格为主（表 3-1）。

表 3-1　Play Lounge 设计师品牌服装品类价格分布带

季节	服装品类	价格区间（元）					
		500～1000	1001～1500	1501～2000	2001～2500	2501～3000	>3000
春夏	T恤	√					
	衬衫		√				
	卫衣/帽衫	√	√				
	连衣裙			√	√		
	西服			√	√		
	裤装	√	√				
	半身裙	√	√				
秋冬	衬衫		√	√			
	卫衣/帽衫		√				
	连衣裙			√	√		
	西服				√	√	
	裤装		√				
	半身裙		√				
	毛衣		√	√			
	大衣				√	√	√
	羽绒服				√	√	√

3. 核心消费者画像

千禧一代（20～34 岁）和中产阶级是 Play Lounge 独立设计师品牌市场增长的主要动力。他们具有较为稳定的收入来源，注重生活品质，渴望通过着装对自身个性进行表达并对社交媒体等新鲜事物驾轻就熟。

4. 合作方式

Play Lounge 与供应商的合作关系以买断、采购、预付款充值、寄售代销，以及开发合作款和 POP-UP 款为主。其中针对自有品牌采取自主开发或合作设计开发，对具有潜力的设计师品牌通过战略孵化进行合作款开发并给予一定的供应链及市场资源支持。

5. 零售渠道

Play Lounge 在全国目前拥有三家主要实体店铺，分别为北京西单大悦城店、北京合生汇购物中心店及西安 SKP 店铺，未来预计将在成都、广州、深圳、青岛等地区陆续开设店铺。线上渠道涉及直播平台、官网、天猫旗舰店、公众号及微信小程序等（图3-3）。

图 3-3　Play Lounge 实体店铺图

二、买手店业态环境及竞争格局

（一）全球买手店业态发展

买手店最初起源于"二战"前后。彼时，在伦敦、巴黎等城市兴起了独立的街边小店，这些小店往往由个人经营，并由店主独立承担产品设计、产品采购及产品销售等职责。早期的买手店大多以店主或买手本人的眼光和趣味为基调，店主从全球搜罗符合自己审美和店内概念的产品，将这些产品以自己的喜好进行陈列并售卖。

买手店也被称为买手制经营店铺，核心是以目标顾客独特的时尚观念和趣味为基准，通过买手挑选、采买和组合不同品牌的时装、饰品、珠宝、皮包、鞋子以及化妆品等商品，融合在一起进行售卖的模式。买手店在起源地的语境中被称作"Boutique"，即法语"商店"之意，后被英语语言纳入使用，又意"精品店"。在港台地区，这种店铺通常位于商场内，是一间独立的店中店，例如，买手采买制精品百货 Lane Crawford。20 世纪 60 年代早期至 70 年代中期，买手店在欧洲蓬勃发展。90 年代，买手店概念被引入中国，并在 2010 年后开始了较快的发展。

全球最早的买手店是 L'Eclaireur，起初这家店铺是香榭丽舍大街上的一间艺术画廊，20 世纪 80 年代之后逐渐转型成一间集合时尚、设计和生活方式的买手店。在买手店的发源地，"买手"概念并不被过分强调，"独特"反而会更被重视。国外有不少知名的买手店都扮演着时尚潮流引导者的角色，例如，买手店鼻祖之一 Colette 于 1997 年在巴黎开业，占地 700 平方米的建筑空间内集合了全球最流行的产品，不少知名的时尚设计师都会来此地进行时尚趋势的探索。Colette 不仅专注于设计师产品，还专注于时尚、艺术、设计、音乐、图形和城市文化领域的图书及杂志库，也涉及新锐的高科技产品，全方位塑造了充满独特魅力的时尚文化生活方式概念。

买手店直译的英文命名应该是"Buyer-Oriented Multibrand Concept & Select Shop"，即以目标消费者个性为基调，强调自己独特的小众个性，主要以买手采购、品牌寄售或品牌联营的方式，以聚合多个设计师品牌到一个空间中进行展示和销售为目的的精选概念店零售模式。

纵观全球买手店业态的发展，根据买手店发展的数量、发展增长率、市场经济以及消费者接受度情况可分为三个阶段。

第一阶段（1850～1999 年）启蒙发展期：主要以欧洲和中国香港等地的个人买手店及连锁买手店为主。包括 Lane Carwford、L'Eclaireur、Joyce、Colette 等店铺。此时，中国设计师品牌刚刚启蒙，以 1978 年的 Shiatzy Chen、1996 年马可成立的例外及 1997 年李琳建立的 JNBY 为代表，当时主要以自营店铺为主，中国内地尚未有买手店等渠道进入。

第二阶段（2000～2016 年）爆发演变期：在此期间随着经济快速发展及居民消费力的提升，买手店模式在全球开始流行，20 世纪 90 年代，买手店概念和模式被引入中国本土，在 2010 年迅速爆发。同时大量百货店铺面临转型压力，开始向买手制经营模式转型。在此期间，大量设计师品牌也相继应运而生开始入驻到定位匹配的买手店中。

第三阶段（2017年至今）成长调整期：在此期间全球经济环境逐步平稳，买手店逐渐受到线上等新零售模式的冲击，开始进入优胜劣汰的快速成长及调整期。不能够为消费者提供实质利益和个性化产品的买手店因不盈利迅速被淘汰，同时也有更多有格调的买手店入局。

最近一百年间，买手店逐渐获得了越来越大的发展空间和渠道机会。买手店的模式也引发了行业变革。买手制的模式不仅使像 Galeries Lafayette 这类百货完成了向买手制百货的转变，同时也推动了 SKP、Macy's 等精品百货商场经营制度的变化，更促使了大批个性化买手店逐渐成熟并初具规模。

（二）中国买手店发展、类型及区域分布

从市场价值链的视角看，中国服装行业自 20 世纪 80 年代改革开放以来，经历了从制造业到设计创意业的转型历程，经历了从数量到质量再到品牌化的产业升级过程。自 20 世纪 90 年代以来，随着产业结构调整、消费结构变迁和消费者消费观念的转变，我国迎来了品牌升级和产业结构优化的个性化消费时代。

1997 年买手制百货商场 Galeries Lafayette 曾选址入驻北京王府井的一条侧街，但由于早期国内政策限制和市场的不成熟，因惨淡经营而退出国内市场。2000 年，买手制百货精品店 Lane Crawford 选择上海淮海路时代广场作为进入中国内地的第一站。2007 年买手店 Joyce 进入中国内地，也经历了前期艰难尴尬的"增收不盈利"的处境。随着市场的逐渐成熟和个性化消费的驱使，大部分本土买手店出现在 2010 年左右。无独有偶，2010～2012 年也正是奢侈品在中国跑马圈地的布局时期。

近年来，随着消费市场结构的调整、消费升级的趋势以及中产阶级购买力的日益提升，消费者更愿意追求具有个性、特色及专属性质的商品。在此背景下，注重个性表达和时尚潮流且具有鲜明差异化的中国买手店迎来了发展的春天。从数量看，据不完全统计，2015 年全国买手店有 1636 家，2017 年激增至 3781 家，增幅超过 230%。2019 年经调研，预计全国拥有 5000 家以上买手店。从买手店分布来看，华东、华北等沿海地区为买手店最为集中的区域。其中以北京、上海、深圳等经济发达的一线城市为主。买手店的发展也离不开设计师品牌的发展支持，调研显示，以上海为例，新天地商圈是设计师品牌店铺占比最高的区域，设计师品牌零售业态占新天地总服装及服饰零售业态的 47.76%。这些开店品牌中，71% 的设计师品牌是在 2000 年后的爆发演变期创立的设计师品牌。

新消费机遇下带来的消费活力同样激活了新一线及二线城市的个性化消费，例如，成都、杭州等地的购买力也加速了买手店的孵化。随着二三线城市商业地产的发展渐

热，买手店也逐渐向下沉市场拓展。受经济制约，西北地区几乎是买手行业未开垦的土地，市场机遇与挑战并存，东北地区虽发展缓慢，但呈上升趋势。

纵观本土买手店市场发展，中国买手店能够在近年迅速发展主要得益于三个因素。

1. 设计师品牌及供应链发展

2010～2013年为独立设计师品牌数量爆发增长阶段，期间新增的品牌占4年来的41%。根据Euromonitor数据，2015年中国设计师品牌市场规模约388亿元（2011～2015年，CAGR7%），预计到2020年行业规模将达到619亿元，未来3年复合增速将达到11%。大量设计师品牌的崛起为买手店提供了充足的货品组合可能。

2. 消费发展及审美意识觉醒

中国居民可支配收入逐年提升，居民消费对GDP的拉动作用也十分明显，消费成为中国经济稳中向好的重要动力。同时消费结构的变化带来的是消费形态、消费方式和消费行为的转变。消费者审美意识的觉醒和转变为买手店崛起带来更多机会。据百度指数变化趋势显示，生活美学百度指数从2012年的90提升到了2018年的209。消费者的审美鉴赏意识开始觉醒并开始追求日常生活的美学设计及精神诉求。

3. 新消费趋势

近年来，商业地产供应大幅激增，产品同质化竞争的困局也倒逼部分购物中心进行差异化发展，并开始有意识地引入个性化的买手店。新消费时代带来的变化之一即为消费者偏向个性化、体验化的购买方式。服饰行业从过去的渠道粗放增长向设计和供应链精细化的日渐成熟发展给小众和细分品牌的崛起带来更多机会。艺术感、时尚设计感和体验感也为买手店拓展了更多商业空间。

（三）买手店类型

1. 按照经营货品类型分类

（1）单品类专品买手店。是以配饰、箱包、服装、鞋履、生活家居用品等单品类为主，集合多个品牌的专业买手店。通常店铺面积不大，主力产品价格段较为亲民并容易形成连锁店快速复制。例如，鞋类买手店On Pedder、眼镜类买手店Coterie、珠宝类买手店OOAK等。

（2）多品类集合买手店。根据店铺概念定位集合多个服装、配饰、箱包、鞋履品类及品牌于一家店铺。例如，Play Lounge、Lane Crawford、栋梁等。

2. 按照经营模式分类

（1）代理合作式买手店。买手店与品牌间的合作方式以代理及股权合资为主。例如，I.T集团除了买断品牌商品，还拥有部分潮流品牌的代理权，或通过销售提成的方式售卖产品，或通过股权合资等方式与品牌建立长期合作。I.T 是最具代表性的代理式买手店，I.T 代理的品牌包括 Kenzo、French Connection、YSL、Alexander Mc Queen 等。I.T 还与部分合作方建立各占 50% 股权的合资公司，共同开拓市场。

（2）寄卖式买手店。是国内目前较为流行的买手店与品牌的合作经营模式。通过与品牌签署寄卖协议，以售卖设计师品牌产品赚取销售提成为主，季末滞销的货品通常会选择退回给设计师，这种合作模式虽然降低了买手店销售和库存的压力风险，但同时滞销货品也给设计师品牌带来了库存压力。例如，Play Lounge、栋梁等。

3. 按照销售渠道分类

（1）百货式买手店。纯买手制的最传统的经营模式。依靠专业度较高的买手团队去全球采购符合目标消费群体审美偏好和购买习惯，且符合店铺定位的产品，并通过独家买断货品的方式进行货品组合销售，通常店铺面积较大，是小型百货店铺的形式。例如，Lane Crawford、SKP Selected 等。其中，Lane Crawford 集团旗下拥有近百名专业买手为其在全世界搜寻合适的商品，可保证 40% 以上的商品在当地店内是独家销售的。通过强调商品的"唯一性"和"尊贵性"，为消费者营造专属感并打造核心竞争力。

（2）个体经营式连锁买手店。依靠个体或专业买手团队在全球采购符合目标消费群体审美偏好及购买习惯的产品，并在个体经营的连锁店铺中进行售卖，通常店铺面积以中小为主。例如，Play Lounge、栋梁等。

（3）线上电商式买手店。以互联网新媒体为导流平台并形成统一的审美调性，与全球各类品牌合作在线上渠道进行售卖的买手店形式。例如，Farfetch 买手店电商平台、中国本土设计师集合 D2C 平台等。

（四）买手店定位分布

2019 年中国时尚垂直自媒体磁器和 TUDOO SHOWROOM 共同联手，收集了全国 864 家"多品牌零售渠道"、1144 家线上线下多品牌集合店的数据，在 864 家多品牌零售渠道里取样，总结前来订货的买手店规模分布如下：年销售额小于 500 万元人民币的初级买手店占比 16.85%；年销售额 500 万~1000 万元人民币的小型买手店占比 68.46%；年销售额 1000 万~5000 万元人民币的中型买手店占比 10.03%；年销售额大于 5000 万元人民币的大型买手店占比 4.66%。其中买手店内货品价格区间较为宽泛，从几百到几万块不等。中高端客户群为买手店的主要客群。

以买手店内货品的价格和时尚潮流度两个维度对目前买手店进行市场定位，可得如图 3-4 所示的买手店定位分布图。

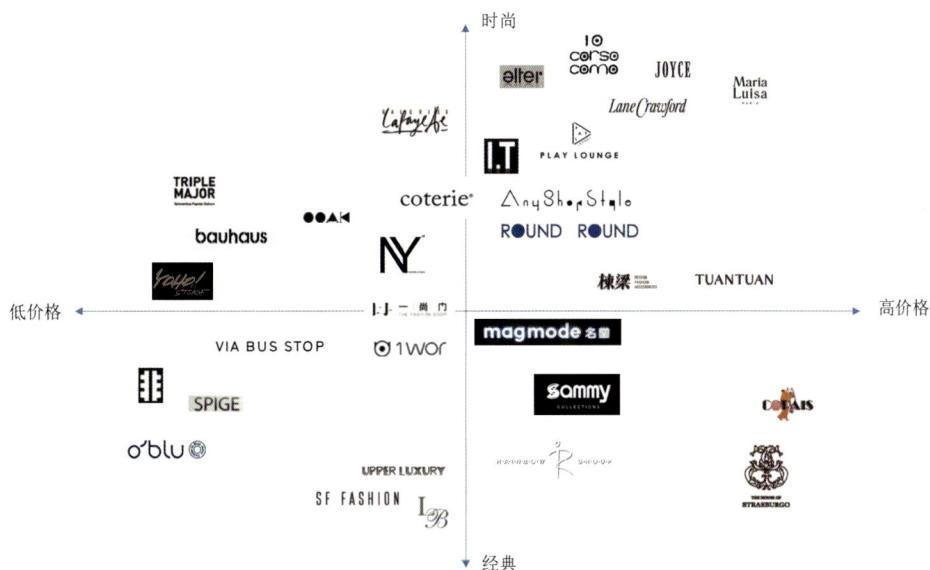

图 3-4　买手店定位分布图

三、全渠道时尚零售价值生态链搭建

（一）打造多品牌矩阵及生活方式体验创新平台

Play Lounge 通过合作不同风格及定位的设计师品牌打造多元立体化的品牌矩阵。在发展过程中，从服装品类向配饰、鞋履、生活家居等品类进行跨界延伸，拓展"漂亮生活方式"圈层。

因设计师品牌尚处于快速发展阶段，品牌依旧面临生产供应链无法快速响应和市场对产品设计接受度有限等压力。为更好地帮助设计师品牌解决供应链和销售通路等问题，Play Lounge 在和设计师品牌的合作中筛选出具备潜力的设计师品牌，采取深入的战略合作方式，与设计师品牌联名开发产品，并给予一定的生产供应链支持，助力设计师品牌价值生态链搭建。

为避免产品同质化带来的行业竞争，不少买手店开始提供多种增值服务。例如，买手店推出限量跨界合作胶囊产品、提供个人形象咨询及美颜咨询服务、向多元生活方式概念店扩展、提供"定制衣橱"服务等，并不定期举办设计师面对面沙龙以及鸡尾酒会等。根据 2019 年 TUDOO 和时尚新媒体磁器对 864 家买手店进行调研的数据显示，生活馆类买手店模式比 2017 年上涨了近 10%，从咖啡休息区到艺术展示区，买手店在店里设立了更多充满趣味的空间，并更加注重顾客的体验感，倡导时尚的生活方式。数据还显示，服装类商品的占比从 87.98% 下降到 69.9%，相反，生活用品类和配饰类的商品总和呈明显上升趋势。例如，Play Lounge 在近期战略中已经提出了向轻美容、轻健康、轻餐饮等方向综合多元跨界布局时尚设计的理念。以体验为中心的生活方式体验概念买手店在未来有明显的增值空间，但仍要在发展过程中注意对多元布局中核心业务及核心竞争力的打造。

（二）积极采取活动营销策略，助力设计师品牌发声

Play Lounge 通过在全球时装周及时尚活动期间开设中国原创设计展、POP-UP 快闪店等方式，采取活动营销策略将中国设计师品牌推向全球。Play Lounge 深知，希望在时尚界建立响亮的品牌名声，持续在时装周参与活动并发声是重要方法之一。上海时装周期间，Play Lounge 与 PICA Photo 旗下摄影艺术家 Pol Kurucz 携手打造了以 The future is female" 为主题的全新系列静态展览，围绕着该主题，将 Pol Kurucz 的作品"华丽监狱"配合服装设计作品完美还原在空间设计中。

为将中国设计的声音推向全球，Play Lounge 也深入参与到全球四大时装周中，在 2019 年巴黎时装周期间，Play Lounge 携手中国原创设计师品牌登陆巴黎时装秀场，并举办了以"新国潮"为主题的原创设计展。在为期六周的时间内，依次以静态展的形式展出了中国设计师的最新一季作品。涉及的设计师品牌有大胆又充满张力的 Angel Chen、时尚前卫的街头潮流代表 CHI ZHANG 以及率性优雅的化身 CHICCO MAO 等。在备受国际瞩目的法国时装周开始的第一天，Play Lounge 与巴黎 A2Z Art Gallery 当代艺术画廊联手打造"HARMONY"时尚艺术展，首次聚集了时尚、艺术、设计的一众新锐力量，以艺术形态重现多元化、年轻化的中国设计。通过时装周静态展、时尚讲座、艺术展览、时尚派对等形式，打造国际时尚艺术交流平台，代表中国设计向全球发声。

图 3-5　Unlimited Spirit 现场图

除此以外，积极通过全球时尚媒体及 KOL 发声造势也是必不可少的。2017 年 3 月 8 日，由 Play Lounge 与欧洲顶级 Showroom AMF 合作的"Unlimited Spirit"开启创新之旅活动在巴黎正式亮相，包括时尚集团前总裁苏芒女士在内的多名时尚

名人璀璨出席（图3-5）。另外，法国16家主流媒体以及专业买手等从业人士也均到场助阵。本次活动展出的国内设计师品牌包括Laboron、SOPHIA WU、ZXL、ERJI、Viviankiki、dot MINUTE、9631cm等。2017年9月29日，Play Lounge在巴黎时装周期间受世界顶级时尚零售业集团巴黎春天邀请，携手11位设计师举办"无设计、不生活"的中国原创设计新品预览。在此期间也特邀《时尚COSMO》独家携手知名演员李沁为中国设计发声。

（三）打造自有IP，创造文化价值

时尚IP作为时尚内容产业领域中的新物种，具备了流量传播、内容传播和商业变现的能力。2017年，中国首个全球时尚IP资源合作平台"尚交所"首次提出"时尚IP赋能新商业"的理念，强调时尚IP以"品牌联名""设计合作""IP授权"三种模式赋能未来广阔的新商业市场，书写以"设计驱动产品升级、IP驱动品牌升级、体验驱动服务升级"的新商业规则。这里的时尚IP泛指设计师、艺术家、明星、意见领袖、时尚品牌、时尚形象等文化版权含义。时尚IP的跨界合作对新消费族群——"千禧一代"及"Z世代"充满了吸引力，时尚IP能够更加精准的定位时尚圈层，刺激消费者的兴奋点，在多文化挪用和社交媒体上影响力中具有得天独厚的优势，其关键在于IP背后所蕴含的文化及内容的魅力。

Play Lounge意识到时尚IP的广泛应用和商业价值，通过开发PL时尚IP形象"兔子TI.VOLI"（主要含义是英文翻转"I LOV（E）IT"，象征了对中国形象及设计的热爱）积极投入时尚文化的活动中，创造并提升时尚文化价值。Play Lounge将此IP形象开发成多个小家居时尚品类，例如，马克杯。同时，Play Lounge通过此IP形象跨界合作多个艺术设计领域，从而激发时尚与设计的无限可能。2018年7月3日，Play Lounge携手阿那亚的"TI.VOLI破界"时尚艺术展开幕。TI.VOLI大型装置艺术作品伫立于阿那亚地标性建筑孤独图书馆旁。在这里，现实与虚拟以某种奇异而趣味盎然的形式结合缠绕在一起，建筑、设计、艺术与生活之间的界限被彻底打破，从而激发了更多无限可能。通过打造IP形象将品牌形象具象化，并赋予IP形象背后更多的文化内涵和故事，使品牌更具拟人化特征、传播活力与情感共鸣。

（四）打通全渠道时尚零售创新模式

从用户层面考虑，移动互联网的新消费模式正在向社交化、社群化、社区化多元发展。短视频及直播的兴起也对用户的消费路径产生了巨大的影响。从门店运营层面考虑，零售技术的发展推动了门店智能化、数据化、智慧化的发展。作为设计师买手店，若希望从单一买手店转型为整合平台，将面临如何规模化的挑战。Play Lounge 在新零售的尝试方面积极推行数据化零售和模块化门店。在线下，Play Lounge 根据不同门店动态的消费数据变化进行货品组合搭配调整，借助 RFID、光敏、店铺动线及热点数据采集，为商品及零售团队做出精准的用户画像和商品画像参考。同时，因品类繁多，Play Lounge 店内以多品类、多业态的最小品类为单位，会由专门的买手小组来从货品选择、供应链对接到销售陈列的运营配合，实行标准化、模块化的运营方式。

全渠道时尚零售模式的转型基础仍然是对组织架构进行灵活调整以适应市场趋势。Play Lounge 通过将原来的电商部门改设为一体化事业部门，积极进行线上小程序、直播电商以及社交媒体等方面的布局和运营。打破了原有的线上线下分立运营的隔阂障碍，提升了线上线下的沟通效率。

四、买手店未来发展建议

（一）明确市场定位，实现差异化跨界经营

买手店与传统零售店铺最重要的区别在于其个性化的选品组合、精确的市场定位以及精细化的运营管理。因此，在当下追求个性化和差异化的消费环境中，如何深入挖掘店铺独特的个性概念，明确自己的市场定位，对买手店吸引消费者注意力并提升市场竞争力是十分必要的。清晰的市场定位不仅利于买手店自身经营、商品组合、概念营销及品牌宣传，还有利于提升消费者辨识度。国外优秀买手店 Colette 曾将自己定位为"永远保持在一个跨界的场所，一个人潮涌动的地方"。坚持"没有限制"与"不可复制"的跨界合作可使买手店不断拓展产品品类边界，扩大品牌受众群体，并能够增加行业认知度，形成话题传播。通过积极进行跨界营销及文化营销等相关市场活动，开发限量概念联名产品，并通过与合适的合作伙伴进行多方联动，资源整合，互惠互利，形成差异化个性化的品牌宣传。在保持品牌新鲜度的同时，与消费者进行情感共鸣和双向互动，有利于打造独一无二的文化基因。

（二）技术助力打造高效通畅的全渠道零售模式

在今年新冠疫情的影响下，线下零售企业纷纷拓展线上渠道。据商务部 2019 年中国电子商务报告显示，中国互联网普及率达 64.5%，全国电子商务交易额达到 34.81 万亿元，其中网上零售额达到 10.63 万亿元，同比增长 16.5%。从国内市场来看，2019 年网络零售对社会消费品零售总额增长的贡献率达到 45.6%，对零售业态重塑和新零售

转型升级做出了积极贡献。其中，零售技术如大数据、云计算、AR、VR、物联网、智能门店等广泛运用加速了零售企业的全渠道转型，有效提升了顾客经营、商品经营、组织变革、供应链重构的效率。

考虑到消费者消费行为的变迁和需求，线下体验的氛围至今是线上渠道无法取代的，线上线下的消费者消费决策路径也有着巨大的差异，买手店应进行全方位立体的渠道规划，分散渠道风险，同时保证渠道运营效率。目前买手店线上销售的方式包括自建网店、开设小程序、入驻大型买手电商平台或第三方综合购物平台及内容社区平台。线下体验店铺的建立能够给消费者带来真实的生活方式体验，线上的渠道拓展能够实现短期内借助平台优势，以较低成本提升品牌知名度和曝光度，积极参与到社会化营销和平台的运营中。如何借力目前的零售技术，从运营效率和成本角度出发，综合线上线下全渠道的优势进行高效组合是买手店当下的思考命题。

（三）紧扣时代潮流，布局时尚文化生态圈层

作为时尚圈里的弄潮儿，买手店必须拥有最敏锐的潮流嗅觉和最明确的个性表达，并对新文化给予及时的市场反馈。Colette 会成为全球潮流的聚集地，得益于它会以开放和包容的心态去拥抱全球最时尚潮流的事物，引领趋势发展。对潮流的敏锐嗅觉不仅体现在货品的选择和组合上，更体现在如何对当下时尚潮流文化进行解读和呈现。例如，海外买手制线上时尚集合平台 Luisa via roma 从巴黎一家小的精品买手店开始发展，随后又推出了第一本将艺术、时尚和音乐结合于一体的杂志 Westuff，并逐步发展成为集合艺术时尚文化、时尚零售、时尚媒体于一体的线上综合平台，为消费者打造综合的时尚艺术体验。Luisa via roma 也一直秉承做时尚与奢侈品领域的积极先锋者和潮流引领者的角色，并以此进行时尚产业生态布局。Play Lounge 的创始人及总经理王宁女士也曾在相关媒体采访中表示，对于新品牌来说，要"俘获"新人群，就需要从"新文化"入手，而在社交媒体时代，品牌更需要能够快速地对这些"新文化"做出反应。

（四）数字化手段助力商业模式升级，提效产业链价值

2019 年，电子商务的新模式和新业态不断涌现。在政府和市场的推动下，中国经济也在不断适应电子商务数字化模式的升级和改革。新技术如人工智能、大数据、小程序、直播技术等广泛的应用，使零售店铺也迎来了数字化商业模式升级的转型期。

数字化转型体现在三个维度上。其一是实施数字化管理业务进行数字化投入。数字化基础是大数据的积累，要求买手店在公司整体运营方案中纳入数据获取和分析的数字

化工具来进行辅助决策。其二是将线上线下以及客户的营销方式充分进行全渠道管理。消费者不只是希望线上购物，而是更希望有方便快捷的全渠道良好体验。例如，在疫情期间，部分高端服装零售商采用全渠道数字化方案，包括销售人员微信群的经营、与KOL共同进行社交电商及媒体渠道的销售、基于CRM的个性化精准推介、对内容营销力度的提升等措施。更为重要的是，企业应搭建合理有效的数字化组织架构和相应的考核办法，将KPI、目标和OKR框架进行有效整合。其三是商业模式的转型。包括供应链的数字化管理、组货优化、产品定价、销售预测、促销方案设计及精准营销，做到全价值链的数字化。虽然这并不是很容易的一件事情，需要前期对技术进行大量投入，但长远来看对于提升运营效率和销售效率有着明显的拉动和推动作用，这也将是零售商未来的必经之路。

对于买手店来说，库存及货品周转同其他零售店一样，是制约发展的重要问题，如何通过供应链改革升级以及配套合适的库存销售通路，利用AI、大数据等技术手段精准预测产量并把握货品从制造到销售的全部流程是未来渠道效率改革的关键。其中最为重要的是对消费者需求的精准洞察，不少买手店现在仍未形成对于会员数据的有效运营和精准管理，无法掌握会员数据也就无法对消费需求做出合理预判，无法对消费行为做出全面分析，更无法对消费需求进行管理和全面提升消费体验。买手店应多维度深化数字化创新，顺应多元和个性化的消费体验需求，积极探索线上线下的市场空间并向智能零售等领域扩展延伸。与时尚产业链中的上下游和各个合作伙伴积极建立数字化连接，有利于提升供应链端、营销端、流通端等的运营效率并反过来推动时尚产业链上下游的产业链模式升级。从传统门店向智慧型生活方式门店转变，积极拥抱零售技术是未来买手店发展的关键。

（孙逊）

参考文献

[1] 康博涵，张坤. 中国买手店发展现状、阻碍及策略——源于国外的经验与启示 [J]. 商业经济研究，2019（12）：27-30.

[2] 姜姝宇. 零售业集合店业态发展的现状、阻碍及趋势 [J]. 商业经济研究，2018（6）：24-26.

[3] 孙逊. 新零售背景下买手店创新路径与对策 [J]. 中国市场，2020（4）：178-179，186.

[4] 叶琪峥，周志鹏，邵丹. 如何开家设计师品牌买手店 [M]. 上海：东华大学出版社，2016.

第四章
衣二三：会员租赁，共享衣橱

衣二三是一个创新的女性时装租赁平台，主打包月租衣的服务，以订阅会员制的方式为都市白领女性提供品牌时装的日常租赁。会员只需要支付月费，即可以在衣二三平台上随心换穿数万款时装。自 2015 年成立以来，经过短短几年的发展，已经拥有超过 1500 万注册用户，且获得多家投资机构的青睐。

一、平台简介及发展历程

（一）平台简介

衣二三成立于 2015 年 12 月，短短两年多时间先后获得多轮融资，投资方包括阿里巴巴、软银中国资本、红杉中国、IDG 资本、金沙江创投、真格基金等多家顶级投资机构，累计融资额达到数亿美金。其最近的一笔融资由阿里巴巴战略投资，这也是继 C 轮融资阿里巴巴领投之后，其对衣二三的又一次追投。

衣二三平台拥有超过 1500 万注册用户，且多为高净值、高消费力的优质用户。其中，付费用户每年都保持高倍速增长，单品流转次数在 20～30 次，用户平均每日打开 APP 2～3 次，平均每次停留 5 分钟，每周下单 1 次。平台收入 75% 来自会员费，剩下的则来自用户购衣收入。

衣二三的商业模式非常简单，给女性用户提供会员付费的模式，每个月支付 499 元的会费，可以无限次地在平台上换穿各种各样品类、品牌且有质感的服装，每次可以换穿 3～5 件，整个体验过程，邮费、清洗费都是由衣二三承担的。当用户体验到一件非常喜欢的衣服时，可以用会员独享的折扣价买下来。衣二三不是简单地针对女性消费者某一个场景需求出租衣服，而是针对年轻女性每天换穿衣服的大常态场景下的一个解决方案（图 4-1）。

01.
包月租衣，随心换穿

02.
APP选衣，往返免邮

03.
穿够再还，上门取件

图 4-1　衣二三平台租衣流程

（二）发展历程

2016 年 5 月之前，为衣二三产品的冷启动阶段，通过增加邀请有奖功能来让用户主动拉取新用户。前期重点打磨产品，并着重从用户操作的便捷性维度不断增加新功能，例如，增加返架提醒、标签推荐、我的换衣记录、衣箱快递状态等功能。

从 2017 年 1 月上线到 5 月向外扩大布点到全国七个城市，并在 5 月 25 日开启售卖功能，当用户遇到非常心仪的衣服可以买下来。这一核心功能的上线，开启了衣二三"以租带售"模式，为全方位服务用户，增加了微信登录功能，不仅方便了用户登录，还可以在一定程度上带来流量。

随着 2017 年 1 月到 2018 年 11 月开启全国服务，衣二三进入全新阶段，新增配饰品类，当用户看见喜欢的配饰品也可以买下来或者和衣服一起搭配，省去了用户穿不同衣服还要再另外去买配饰的时间，真正方便了用户。在这个阶段，衣二三与支付宝芝麻信用合作，用户芝麻信用 650 分以上可以免收押金，解决了当用户想使用平台，却因为押金犹豫不决的问题。在一定程度上，这个功能的开通可以提高新用户的转化率。

2019 年 3 月，衣二三推出了非包月会员也能租衣服务，这种定制化的次租服务，租赁周期和单次租赁件数非常灵活，适合有特定需求的人群，如旅游、出差、参加活动等，灵活地满足了不同用户不同场景下的穿衣需求。

二、市场环境及核心竞争力

（一）市场环境

2012 年开始移动互联网的逐渐普及，线上支付功能的便捷化和物流体系的逐步完善，以及手机、Ipad 等硬件性能的提升都为共享衣橱行业奠定了基础。依靠人工智能的数据分析，共享平台还能为客户提供穿衣建议和服饰搭配的服务。诸多因素一起合力推动了最近几年共享衣橱市场的火爆。共享经济承载着推进我国经济提质增效升级的重要使命，是我国供给侧结构性改革，优化产业结构，创新经济新增长点的重要路径，更是关系着我国发展全局的一场深刻变革。

2017 年在线服装租赁市场的全球累计销售额是 10 亿美元，和服装的（万亿美元）大盘相比，它处在非常早期的发展阶段。衣二三 81% 的用户基本都是 85 后（35 岁以下的人群），每天换穿不同衣服可以让她们应对职场、约会、度假等各种生活当中的场景，并且当他们有这样的生活方式时，这已然是一种新的常态了。轻松、不固定的游牧生活形态已经成了一种主流，在衣二三上面有 47% 的用户经常更换她们收货的地址，因为她们可能面临经常出差，甚至频繁地在一个城市当中搬家。这个数据是非常超乎想象的，甚至有 1.1% 的用户会从一个城市搬迁到另一个城市，所以这样一种游牧性的生活状态已经成了现在年轻女性的一种很寻常的状态，这也就回答了为什么她们希望衣橱尽量不要成为她们生活当中的一个负担。

共享衣橱的消费者，主要是 85 后和 90 后的 20～35 岁的在校大学生和一二线城市白领。根据艾瑞的调研发现：随着 85 后、90 后以及 95 后网络一代登上时代的舞台，原有的价值观正在被颠覆，追求个性化和分享的需求成为主流，继而催生了共享经济模式的诞生，而后者又反过来促进了这种全新价值观的广泛传播。这是一种物质消费和精神消费的新生活，受到"新新人类"的欢迎，消费者对美好生活的追求成为经济发展的新动力，消费者的审美鉴赏意识开始觉醒，开始产生追求日常生活的美学设计和内涵的精神诉求。

以衣二三为代表的共享衣橱行业，让用户花钱成为会员，用买一件 ZARA 的钱租到 Prada，来回运费和清洗费由平台承担。这样的模式，对于一边沉迷"剁手"一边捂紧钱包的当代年轻人，可以说是"救命良药"。然而行业经过 2015 年的狂奔和两轮洗牌后，问题频频出现，今年以来，这一赛道也没有企业融资的消息传出。不但给投资人讲的故事行不通，而且随着公司的发展，营收速度无法覆盖运营压力，共享衣橱这门注定小众的生意遇到了自己的瓶颈。随着 2014 年女神派的成立，共享衣橱的大旗在中国拉开。2015 年国内一共有 12 家共享衣橱项目成立，但到了 2016 年，魔法衣橱、爱美无忧、有衣、摩卡盒子、跳色衣橱等平台停止运营，市场格局经历一轮洗牌。这些共享衣橱项目的生命周期较短，大多数项目甚至都没有挺过一年。进入 2017 年，随着共享经济概念的火热，共享衣橱成为热度仅次于共享单车和共享充电宝的赛道，获得了不少资本方的青睐。

2017 年共享衣橱行业融资的金额再创新高。与 2016 年相比，融资金额有所增加的同时，融资事件数量降低，说明单笔融资额有所增加，逐渐形成头部效应。其中，2017 年 9 月，成立仅两年的衣二三拿到了共享衣橱行业最大一笔投资——来自阿里巴巴领投的 5000 万美元，共享衣橱领域再次迎来高光时刻。但不是所有项目都发展顺利，多啦衣梦在 2017 年 3 月还宣布获得了由君联资本领投、服装品牌拉夏贝尔跟投的 1200 万美元 A+ 轮融资，但由于定位、用户获取、产品规划和线下扩张等方面的不足，最终没能挺过年底。

对很多爱美女性来说，衣柜里永远少件衣服，她们不停地买，可新买的衣服又面临着穿不了几次便搁置一旁浪费的问题。还有一些职业女性有穿一些相对高品质的衣服，每天能有不同的衣服换着穿的需求，并且她们对款式、品类有较高要求，但这群消费者可能购买力不足。除此之外，对于在校大学生来说，寝室空间狭窄，也没有足够的空间来容纳太多衣服。衣二三等共享服装平台的出现，为消费者节省了大量的资金，解决了大学生和初入职场的女性每天想穿得多样化但可支配资金少的矛盾。

（二）竞争对手

Rent the Runway 是美国一家共享服装平台。共享衣橱最早进入中国时，对标的是 2009 年就已经在美国成立的 Rent the Runway，它从礼服租赁起家，2015 年开始转向日常服装的租赁，每月 139 美元会员费，模式与国内的几家企业如出一辙。然而这一模式在中国是否可行，何时能迎来拐点，还有待观察。共享衣橱之所以能在美国流行开来，与其成熟的 Vintage 和 Party 文化息息相关。反观国内，除了年会演出、毕业旅行、婚礼庆典等特定场景租赁服饰更方便之外，在日常衣物的需求上，更多人还是更倾向买，常服租赁的需求至今没有被证明。根据数据显示，Rent the Runway 已于今年 3 月完成最新一轮 1.25 亿美元融资，估值突破 10 亿美元。从共享衣橱的重运营模式来看，融资能力的强弱在一定程度上决定了玩家的竞争壁垒。不少投资人相信，在国内至少也能诞生一家类似规模的企业，因此近年来对共享服装平台的投资力度加大。虽然 Rent the Runway 主耕北美市场，但其为行业标杆，国内共享服装平台需重视其发展及相关策略。

女神派成立于 2014 年。2016 年 1 月，专注于时尚租赁的创业项目“女神派”宣布完成了由华创资本领投的 300 万美元 Pre-A 轮投资，即将为国内的女性消费者开启一场“负担更少，享受更好”的衣橱革命。2017 年 2 月完成了 A 轮 1800 万美元的融资。2018 年年初，女神派完成了东方富海、经纬中国和北极光创投的 B 轮融资。女神派起初是主打租赁服务，它为用户提供了包月租常服及日租礼服两种租衣模式，性价比很高。女神派又进一步推出"无忧购"新型销售模式，让冲动消费的女性有后悔的机会，在女神派无忧购的全部单品，均支持一年内退款业务，一年内退货可享受购买价20%~80%的费用补偿。这一举措，在满足女性用户对时装追求的同时，也为其减轻了费用负担及后悔的隐患，真正做到了"放心大胆买新衣，无忧购为你的后悔买单"。

衣库成立于2017年，2017年处于共享衣橱的行业洗牌期，包括昔日A轮融资获得千万美元的多啦衣梦在内的头部玩家也都纷纷停止运营。2018年新入局的衣库完成800万美元的天使轮融资。成立之初，衣库主打为女大学生以及入职不久的白领提供平价的月租常服和礼服次租服务，同时推出其他平台没有的汉服次租服务。2018年初，衣库APP升级了租衣体验，用户同时可以拥有两个衣袋，还回一个衣袋即可下第二单，让用户享受到"无缝换穿"服务。其他共享衣橱企业为了保证租衣平台衣物的在架率，几乎仅允许用户手上拥有一个衣袋，即你手上只能有一个衣袋，这个衣袋必须归还到库后，才能租下一个衣袋。衣库使用户真正体验到了"无缝换穿"服务，节约了用户2~3天的物流时间，提升了用户实际租衣率。这一服务的推出，也为衣库在行业内的发展奠定了基础。

（三）核心竞争力

1. 衣物洁净水平监控

衣二三平台首先在北京自建全自动智能工厂，同时和中国洗衣行业龙头企业北京福奈特、天天洗衣合作。全自动智能洗护工厂可以针对每一件待洗衣物"量衣定制"专属洗护方案，根据衣物的不同材质、颜色、污渍，自动选择并匹配不同的洗涤设备、洗涤剂、洗涤工艺和整烫修复工艺。全程需要历经干洗溶剂消毒、彩漂液消毒、高温消毒、紫外线消毒、臭氧消毒5道深层消毒程序，杀菌效果超过99.99%。同时遵照环保要求，洗涤用水均经过多道物理、化学的过滤、渗透处理，可以达到甚至超过国家三级排放标准。经过多层反渗透膜过滤处理，洗涤用水还可以达到一级饮用标准。干净是共享衣橱行业最大的障碍点。用户对租到衣服的上一个用户是什么人穿去过哪里做过什么统统不知情，天然对租到的衣服产生不信任。为进一步解决用户的心理障碍，衣二三给出租的每一件衣物都配备了清洗跟踪条。上面标注了质检合格的时间，并首次公开质检员的信息，真正全方位做到让用户有据可依，有责可循。这一系列措施让消费者对这个平台产生了更多的认同感，跨过心理障碍，从而愿意成为会员。

2. 货品种类丰富

可供用户选择的品牌种类丰富。目前平台上线品牌超500个，SKU超2万个，轻奢、商业、设计师的占比分别是20%、30%、50%。衣二三将其仓储从北京的1个仓拓展到全国的 4 个仓，除了物流成本下降了 50%，其衣服的次日送达率也达到了 85%，同时接入了菜鸟系统。目前衣二三也是第一家除阿里以外接入菜鸟逆向物流的公司，能让用户享受在淘宝退货般熟悉顺畅的体验。此外，衣二三的货品种类包括日常穿着、首饰和礼服汉服这三个品类，且每一品类中都有大量品牌供用户选择（图 4-2）。

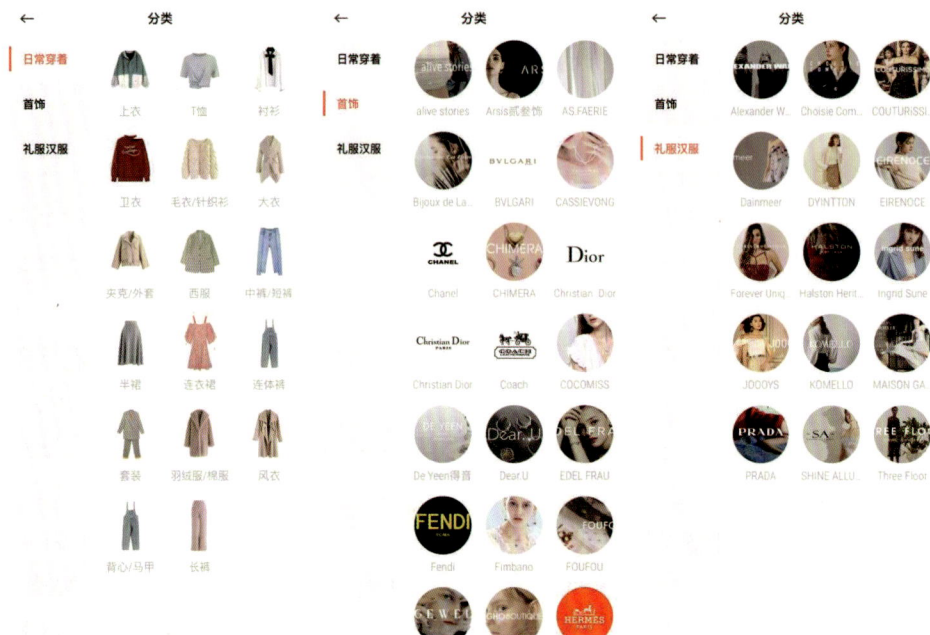

图 4-2　衣二三货品种类

3. 大数据推送

通过算法将时尚互联网化。在平台端为用户提供更多的搭配推荐，使每件衣服都有相应搭配的另一件 TAG 链接方便用户选择，包括衣服的运营流转、动态补货、报废报残等后端管理，这一切的背后其实都由算法在支撑。通过智能算法，可以更好地了解客户需求，及时满足客户在不同时期的不同需求，极大地提高了客户满意度。

三、运营策略

（一）多层次品牌经营

衣二三目前的合作品牌包括高端奢侈品品牌 Armani、Prada 等，轻奢品牌 Anne Klein、DKNY、Michael Kors 等，本土成长品牌 Lily、Peacebird、自觉等（图 4-3）。

服装品类丰富，使租衣服不管从经济上、时间上还是空间上都会有节省。对于一些差异化的服装，特别是国外小众品牌，还没有正式进入中国，不仅买不到而且有点贵，租衣服可以不停尝试这些品牌服装的不同款式，遇见很喜欢的还可以买下来，降低试错成本。综合来说衣二三拥有线下实体店购买、网络购买和线下租衣平台的各种优点。节省了消费者在线下实体店购买衣服的资金和时间，解决了找不到合适衣服的烦恼；遏制了在网络购买衣服的冲动消费并节省了储物空间，以及避免了买回来穿两次不再喜欢的尴尬；还规避了在线下租衣的麻烦，比如规模小、款式陈旧、价格高等问题。

图 4-3 衣二三部分合作品牌

（二）品牌合作与孵化

衣二三与品牌商家合作为其带来销量。品牌商家存在库存滞留的问题，某种程度上，共享衣橱与商家合作，契合了当下不少服装品牌去库存的需求。当前各种服装品牌将原本没有卖出去而积压在库房的衣服拿出来共享，本身也是一种资源的优化配置，衣服在租赁"试穿"的过程中可立即产生收益，被购买也会再次带来收益，有效降低了衣服试穿带来的损耗，在为品牌方带来综合收益的同时，也让衣服可以物尽其用。对于平台来说，既匹配了特定群体的需求，又帮助品牌商解决了库存压力，做到了连接供需两端，对闲置过剩资源、过剩产能等方面的有效分配。

此外，衣二三与商家合作可为其提高品牌曝光量。一些品牌商家有产品曝光量低的问题，加强与高品质品牌商家合作，可以丰富平台的 SKU，减轻资金和库存的压力，同时帮助这些品牌推广产品，增加曝光量。平台也可以达到获客目的，积累的用户数据也可以对品牌商家提供借鉴，从而使其更好地理解品牌爆款并为销售提供方向。而对于一些年轻的设计师品牌，衣二三采用孵化策略进行扶持，扶持品牌创立，并在品牌创立初期给予支持与合作。

（三）社交媒体运营

2018年末，衣二三与商务女装品牌Lily合作打造抢衣蹦床专场，又联合闲鱼、淘宝租赁、淘宝直播、FRONT COVER、乐纯、WIS、更美在内的20多家品牌给参与活动的用户送上更多福利。新增了直播间观看和分享领券、秒杀专场等，受近两年直播带货火热影响，用户不仅能便宜拿到自己想要的衣服，平台还可以提高销量，综上可以看出，在这一阶段衣二三非常注重用户体验，并逐渐使产品趋于成熟。通过目前消费者青睐的社交模式和直播模式，不断扩大品牌影响力和知名度。不仅成功吸引了广大女性的注意，激发出广大女性的少女心，更通过线下及线上网红联动、抖音直播、微博小红书网红段子手等极大地提高了全平台的曝光量，立体地提升了衣二三整个品牌的感知度和流量（图4-4）。

图4-4　衣二三在小红书的社交媒体运营

（四）运营模式

1. 现货租赁

以往品牌以零售为主要渠道，售罄天数是非常敏感的数字。租赁模式下，衣二三给品牌搭建了一个无限收入模型，与品牌的合作模式帮品牌将服装代租、代销给用户，和品牌的合作模式是按照日租金加上租赁天数，再加上用户体验这件衣服之后，非常喜欢并购买下来的留购价格，和品牌进行收益模式的分成结算。这种情况下，服装不再是以往在零售模式下的快速减值商品，而成为一种金融租赁的产品，和传统售卖相比，这种模式是另一种维度的错位竞争。

2. 品牌销售预测

很多传统品牌在每一个季节来临之前，就已经备足了 80% 的货品，快时尚品牌 ZARA 已经做得非常好了，但它也会备足 50% 的货品，剩下的货品考验的就是品牌的快速反应能力。因此，没有一个品牌不希望成为一个爆款的制造机，衣二三会提前帮品牌做新款产品测试，帮助品牌做供给端的快速反应、修改、生产、货品运营。因为用户在租赁的模式下，前后行为非常一致，所以不会出现预售、反悔的可能性，衣二三给品牌做的新款预测会相对精准。

3. 搭建品牌矩阵

品牌会逐渐把衣二三这样的平台当成低成本快速打新的方式，很多品牌会把最新的当季系列放到衣二三上，甚至配合它在各种渠道里的营销矩阵，与其共同组成新的营销模式，因为衣二三上有非常精准的年轻女性用户和善于传播、为品牌制造内容的 KOL，这个对品牌非常有价值。迄今为止衣二三已经合作超过了 680 个品牌，累计在流通中的货品超过了 150 万件，在搭建的品牌矩阵当中，用头部的轻奢品牌去带动更多长尾的设计师品牌、商业品牌，甚至是一些 ODM 品牌，去形成女装的非常分散、非标品的流量入口。

（五）运营管理

1. 大数据管理

衣二三搭建了一个选款的模型和生命周期的管理模型，早期平台更多是用人工的方式去实现，目前正在进行数据模型的搭建，未来能够用高科技的方式，使平台推荐款式更加精准，人货更加匹配。从用户下单体验到逆向物流归还，到衣服的清洗、消毒、质检，再到再次上架的闭环当中，衣二三是使用 RFID 的智能芯片管理流通节点，便于做更多数据化工作，做到去人工化并减少衣服在流通过程中的摩擦。

2. 生命周期管理

衣二三让一件衣服可以拥有更长的生命周期。从过去几年的经验当中总结了面料库和水洗测试的方式，为品牌提供更多的 Know-How。

3. 会员管理

衣二三用更加精细化的会员分层方式，为用户提供不同的权益，激发用户单位时间内为平台贡献更多的 ARPU 值（即每用户平均收入值）。这是通过一系列精细化的运营，在供给侧、履约侧、用户侧实现的数据上的表现，例如，使某商品的空置率降低了33%，平均流转次数提升 22%，一个用户在 2018 年平均单月 ARPU 值对比 2017 年提升了 18%。

四、共享服装发展展望

（一）服装零售品牌转入共享行业

由于整体市场环保理念的推崇，目前一些快时尚品牌和服装零售品牌开始进入共享服装行业，例如，时尚零售巨头 Gap、Banana Republic、Urban Outfitters 等，都已经开展了日常服装订购出租模式的服务。这些品牌的转变，对市场中现有的共享服装平台会有一定的冲击。目前这些品牌均在北美市场开展相关服务，近阶段可能不会对本土市场造成影响，但长远来看需要在此方面进行应对。

（二）竞争态势

政策、经济、社会文化、技术等因素，推动了近几年共享衣橱行业的火热，并且市场在未来几年将持续保持一定的高增长率。在这个行业中，衣二三在企业营收、用户规模上优势明显，有着极强的行业影响力，属于第一梯队；女神派和衣库作为行业中的重要玩家，营收与用户规模上属于第二梯队，与第一梯队相比有一定差距，但是影响力较大。在共享衣橱行业中，主要有三个参与方：品牌商家、消费者、平台。平台要想实现快速成长，就必须满足品牌商家的诉求和消费者的需求。相对来说，衣二三的共享衣橱模式能解决此前消费者在线下和线上购买衣服以及在线下租衣服过程中出现的种种问题。同时，衣二三的模式也能很好的匹配品牌商家的需求，为其品牌解决库存问题，带来更多的曝光量，扩大销量。

目前衣二三平台知名度尚可，但还有许多消费者对这一模式并不了解，因此共享服装平台还需加大宣传，吸引更多消费者。在网络平台方面，消费者对衣二三和女神派较为了解。人气最高的衣橱日记并不是共享租衣平台而是一个衣橱管理助手。这说明共享租衣模式在国内还处于初期推广期，各平台在消费者心目中的地位并没有固定化，平台还有很大空间可以改进。在产品组合方面，消费者接受度最高的是礼服、冬季外套、套装等"大件"产品，对裤装，夏装等贴身衣物接受度较低。此外，箱包与配饰的共享租赁市场需求量非常大。因此，共享服装平台可以加大相关品类的产品数量以满足需求。

品牌组合方面，消费者更倾向奢侈品级和轻奢级服装，对于快时尚品牌的租赁意愿非常低。共享服装平台可以适当加大奢侈品牌和轻奢品牌的产品数量，特别是深受年轻消费者青睐的轻奢类品牌。营销方面，消费者对共享租衣平台的了解渠道呈多样化，浏览器推送和名人效应、朋友推荐比较常见。平台可以利用电视节目的植入等方式增加消费者对共享服装平台的了解。客户服务方面，消费者最大的顾虑便是卫生问题，平台如何解决这个问题是重中之重。在运营中，平台应严格执行卫生标准并给予消费者知情权，让消费者能够租得开心、穿得放心。消费者主流观点是不希望撞衫，因此平台应该在产品采购上多下功夫，保证小批量多款式。收费模式方面，消费者倾向单件租金单结的收费模式，因此共享服装平台可以尝试适当调整收费模式。

（三）可持续发展

由于环保理念的发展及大众环保诉求，共享经济是近年来产业发展的大趋势。共享服装专注于解决女性衣橱里永远缺一件衣服的问题。而衣二三里很多衣服都是搭配好的，又解决了大部分人只会买单品，不会搭配的问题，改变了人们的生活方式。共享的理念和实践，避免了过多的时尚产品被丢弃，有利于整个时尚产业的可持续化发展。因此，从整体上来讲，共享服装产业还在产业发展初期，会有令人期待的未来。

（刘娜）

参考文献

[1] 哲铭. 小衣柜里也有大生意：衣二三的全域种草和交易闭环 [EB/OL]. （2019-01-18）. https://www.geekpark.net/news/237640.

[2] 尹文晶. 共享经济模式在服装行业发展现状探究 [J]. 时代经贸，2018（26）：42-43.

[3] Sherin. 产品分析报告：共享衣橱行业，缘何衣二三成为独角兽？[EB/OL]. （2020-01-13）. http://www.woshipm.com/evaluating/3308211.html.

[4] 燃财经. 衣二三问题不断，共享衣服有未来吗？[EB/OL]. （2019-09-03）. http://tech.sina.com.cn/csj/2019-09-03/dociicezzrq3038258.shtml.

[5] 张烁希，李秋臣，郑振昕，等. 共享服装网络平台现存问题及对策研究 [J]. 现代商业，2019（13）：17-18.

第五章
衣邦人：基于网络交易平台的数字化服装定制模式

　　随着改革开放红利、人工红利的消失，中国经济步入新常态，纺织服装行业受到了巨大的冲击，纺织服装行业总体增长趋势放缓。受增速放缓、产能过剩，电商新商业模式冲击等影响，大部分的主流品牌服装企业面临巨大挑战。未来，信息技术与制造技术深度融合的数字化、网络化、智能化制造是重要趋势，即加快推动新一代信息技术与制造技术融合发展，把智能制造作为两化深度融合的主攻方向；着力发展智能装备和智能产品，推进生产过程智能化，培育新型生产方式，全面提升企业研发、生产、管理和服务的智能化水平。在政府和舆论的推动下，"互联网＋"、工业4.0、O2O、C2B、MTM、大数据等各类新概念和新技术，正成为众多企业转型升级的重要选择和支撑。

　　因此，科技、时尚、绿色，已经成为中国纺织服装行业的产业新标签，也为加速服装定制领域的全面创新提供了核心原动力。信息化为制造业的高质量发展提供了千载难逢的机会，其中，大规模定制就是智能制造的重要方向之一，让消费者和生产者直接对接，提供了全新的商业理念、生产方式、产业形态和商业模式，是提高纺织服装高质量发展和转型升级的重要动力。如从红领转型的酷特云蓝、衣邦人等一批企业更因成功地实现了定制化生产而成为业内外的焦点。

一、品牌简介

　　衣邦人2014年12月由杭州贝嘟科技有限公司注册成立，以互联网思维和工业4.0，即"互联网＋上门量体＋工业4.0"的C2M（Customer-to-manufactory）模式，切入服装定制行业，在不到六年的时间里，衣邦人由一个初创时6个人的小公司，已成长为国内服装互联网定制行业的标杆企业。衣邦人平台始终致力迭代定制业务，改变了传统定制的经营方式，让客户足不出户，即可体验专业着装顾问免费上门量体的品质服务，大大节省了用户宝贵的时间成本。2020 年，衣邦人在全国已拥有 50 个直营网点，服务范围辐射 140 多座城市，截至 2020 年 4 月衣邦人已累积预约客户突破 140万，从 2 月到 4 月短短两个月内衣邦人预约客户增长超 20 万，同时有超 260 万用户注册并通过衣邦人 APP 改善个人形象。即使在新冠肺炎疫情影响下的 2020 上半年，衣邦人也保持着较高的用户增速，随着 5 月中旬第 50 个网点在浙江台州正式营业，衣邦人几乎已经摆脱了疫情带来的困境，并开始不断挖掘下沉市场。

衣邦人目标顾客为中国商务精英，为满足其个性化需求，实施了"全品类战略"，并不断完善定制服装的品类。目前衣邦人已实现男、女 11 个系列全品类定制，其中男装包括西装、衬衫、裤装、外套、针织，女装包括正装、裤裙、外套、针织，还有婚庆系列和精品配饰，产品覆盖西装、衬衣、T 恤、Polo 衫、西裤、休闲裤、牛仔裤、裙装、茄克、风衣、大衣等，并且还开展了团队定制。同时衣邦人通过独有的供应商开放平台，高效链接全球优质加工商、面料商、辅料商等合作伙伴，构建出一个高效、优质、个性化的供应链体系，更因其客户规模、去中间商化及强大的供应商整合能力，使消费者只需传统门店 30% ～ 50% 的价格便可实现定制，使服装定制走下神坛、步入追求个性及品质的消费者生活。

二、品牌发展阶段

衣邦人创立时间不长，品牌发展可以分为以下三个阶段。

（一）品牌初创期（2014 ～ 2015 年）

2014 年年底衣邦人创立，2015 年分别获得著名投资机构浙大科发的天使投资和风和投资 Pre-A 轮投资，为品牌蓄力。在这一年，衣邦人依次开通衣邦人微信服务号（ybren_wx），上线衣邦人 ERP、企业版 APP 和衣邦人客户端 APP，客户可以随时在 APP 查看身材数据，还可以有自己专属的着装顾问，以便随时复购。这一阶段也是验证衣邦人的商业模式阶段。

（二）品牌成长期（2016 ～ 2017 年）

2016 ～ 2017 年衣邦人将主要精力放在上门服务网点拓展上。从杭州开始，第二个网点和第三个网点分别开在上海和北京。随着 2016 年 10 月 21 日衣邦人昆明直营网点正式营业，其服务范围已经覆盖全国 146 个城市。2017 年在国内一二线城市基本上都已经建立了直营网点，并在当地提供免费的上门量体服务。2017 年 10 月衣邦人微信公众号关注人数突破 100 万。

（三）品牌扩张期（2018 年至今）

2018～2019 年业务增长显著。2018 年 10 月，衣邦人实现单日最高成交额 500 万元。2019 年，成绩再次刷新，单日最高成交额达到 600 万元。同时，还启动供应链赋能计划，开始为制造商、面料商提供针对数字化、产能、生产工艺的帮助。2020 年，衣邦人预约客户数在 2 月突破 120 万元，4 月突破 125 万元，并正式进军男士结婚礼服市场。衣邦人还成为行业内唯一拿到省级大数据研发中心的企业，主要进行智能搭配大数据研发。

三、品牌运营策略

（一）构建数字化服装定制模式，打造独特服务特色

传统的服装生产流程，需要经历设计、打样、订货、生产、销售等多个环节，品牌商往往需要提前一年以上预测流行趋势，这导致了服装行业货品积压严重的问题，而衣邦人则在消费者与工厂之间搭建了一条快速路，有订单再生产，没有库销比。为了使 C2M 这条快速路更畅通，衣邦人在消费者和工厂两端做足了功夫，在 C 端直接面向消费者，在 M 端提供供应商开放平台，接入生产商和面料商，见图 5-1。

衣邦人将定制过程分为四个步骤，具体可见图 5-2，也形成了衣邦人的服务特色。"一键在线预约""免费上门量体""成衣精制，快速发货"和"售后无忧"。首先，顾

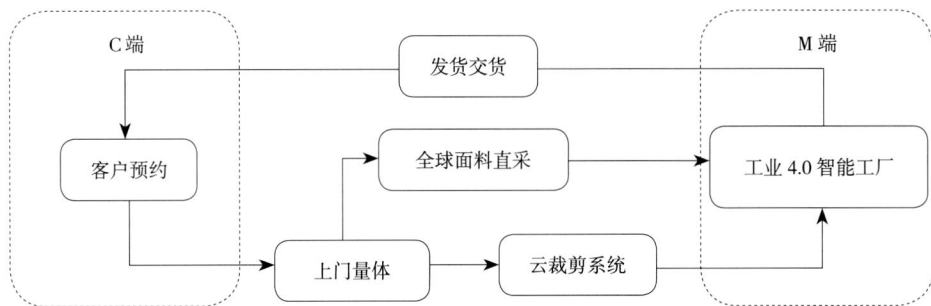

图 5-1　衣邦人 C2M 模式

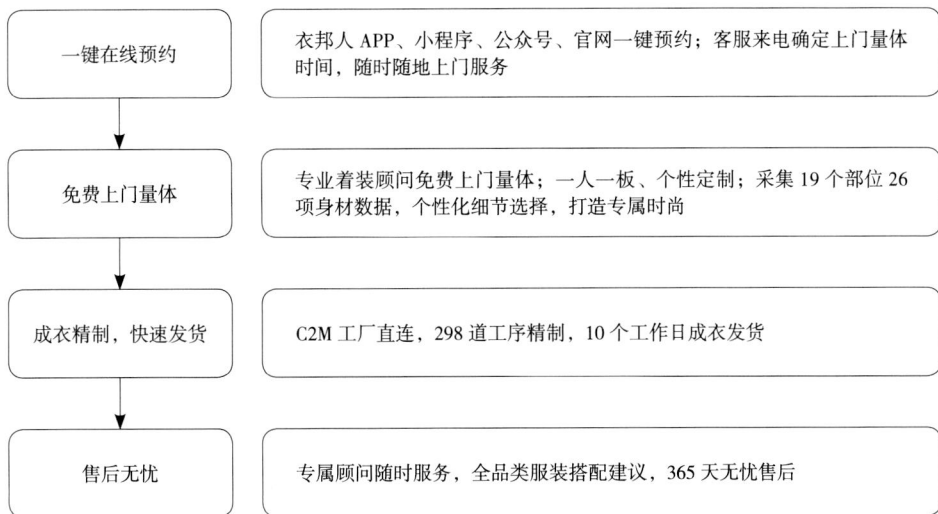

一键在线预约	衣邦人 APP、小程序、公众号、官网一键预约；客服来电确定上门量体时间，随时随地上门服务
免费上门量体	专业着装顾问免费上门量体；一人一板、个性定制；采集 19 个部位 26 项身材数据，个性化细节选择，打造专属时尚
成衣精制，快速发货	C2M 工厂直连，298 道工序精制，10 个工作日成衣发货
售后无忧	专属顾问随时服务，全品类服装搭配建议，365 天无忧售后

图 5-2　衣邦人定制流程图

客可在衣邦人官网、APP、小程序、公众号上预约量体，客服将打电话确定上门时间，专业着装顾问免费上门量体，采集 26 个身材数据，并确定款式面料。其次，衣邦人可提供数百个款式与数千种面料备选，让消费者用 30% 的价格享受奢侈品牌同等面料与做工。最后，衣邦人承诺将在下单后 10 个工作日内制成成衣并快速发货，并提供比传统服装行业更高标准的 365 天的无忧售后服务。

（二）全球直采战略，保证服装品质

面料对西装起到了决定性的作用，面料选择也是整个定制流程中至关重要的一个环节，关系到西服上身的整体舒适程度以及之后的日常打理，也是保证服装品质的关键因素。衣邦人秉承"面料是服装的灵魂"原则，用近乎严苛的方式思考定制中应选用的面料与理应呈现的美感。SCABAL、CERRUTI 1881、Ermenegildo Zegna、ZIGNOE 等数十种奢侈品品牌或精品面料品牌与衣邦人有着长久且亲密的合作关系，2016 年意大利著名面料品牌 VBC（维达莱）为衣邦人推出专属面料册，这是 VBC 首次为国内高级定制公司定制面料册。

（三）完善智能化服装生产，迈向"极致柔性"的个性化定制

在科技迅猛发展的时代，各行各业已向以技术为核心的智能化转型。作为基础的制造业，新兴商业模式和技术发展也在倒逼服装制造业转向"智"造业，尤其是服装定制

行业，由于对服装从预定到专业制作都有更高的工艺要求，因此对智能制造也有更为迫切的需求。2020年突如其来的疫情极大增加了顾客线下购买以及服装定制的困难，此时大数据、物联网、云平台等技术则为服装定制行业提供了更大的发展契机，也彰显出智能化生产得天独厚的优势。

从创立之初就对服装智能化发展有着构想的衣邦人服装定制平台，依托自主搭建的大数据系统（ERP、CMS、IPAD着装顾问APP、2D定制系统等），研发智能推板、云裁剪平台等系统，打造了完善的智能制造数据体系。此外，还搭建了供应商开放平台，打通前端数据与后端工厂，搭建起衣邦人特有的服饰定制全线渠道，使衣邦人"互联网＋上门量体＋工业4.0"的C2M模式不断得到创新发展（图5-3）。同时衣邦人通过APP连接客户，实现量体数据的存储和校验实时在线。如今衣邦人已研发并应用精准身材数据采集系统、大数据身型分析与预测系统、智能着装搭配应用和定制生产柔性组织系统等创新技术。2019年9月4日衣邦人正式对外宣布完成4000万元人民币供应链专项融资，专攻服装定制柔性制造。这些技术与工具可以使衣邦人在为客户提供更优质服务的同时，不断适应和满足用户新的需求。

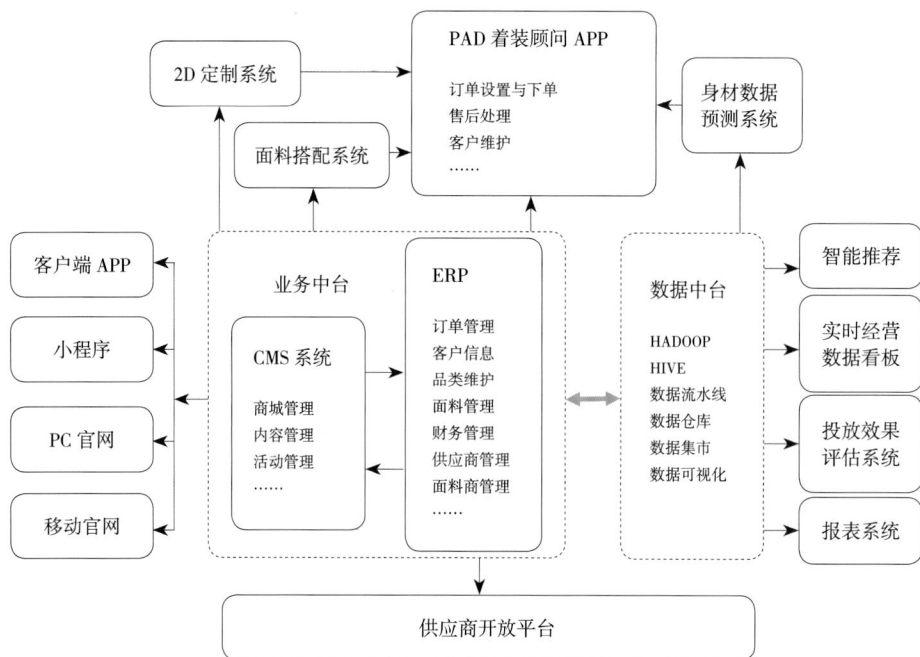

图 5-3　衣邦人智能化服装生产图

（四）下沉 BI、提升 AI，提高品牌运营效率

1. 下沉商业智能（BI）

商业智能（Business Intelligence，简称 BI）又称商业智慧或商务智能，指用现代数据仓库技术、线上分析处理技术、数据挖掘和数据展现技术进行数据分析以实现商业价值。如果 BI 仅应用于总部、中高层管理者中，并不能完全发挥其商业价值。而衣邦人作为服装网络定制企业，其每一个着装顾问就如同一家移动的门店，着装顾问在服务于顾客时，需要迅速地做很多决策。如果没有 BI 作为基础，基层员工则会缺乏决策权，什么事都要请示上级，工作效率会大大降低。

因此，衣邦人做了很多 BI 下沉的应用，例如，着装顾问有 IPAD 智能顾问终端，方便其在与客户沟通过程中，获得辅助决策支持，并且简化或减少审批。除了着装顾问，公司的广告投放人员也可以实时看到投放反馈数据。大部分投放数据可以做到 1 个小时更新一次，便于及时调整创意和投放计划，使整个决策变得非常快。另外，衣邦人采取了 BP 制，各个板块 BP 可以看到实时数据，方便其服务的职能部门讨论是否要调整策略，例如，调整促销方案、用户维护频次等。

利用 BI 实现决策权和数据可见性下沉，让终端员工可以看到必要的数据，来代替管理层做出决策和判断。同时，做到可调配资源下沉，让员工能调用更多公司资源。这对于提高品牌运营效率是非常关键的。

2. 提升人工智能（AI）

利用人工智能（Artificial Intelligence，简称 AI），打造更好用的工具，可以解放人的脑力。节约出来的脑力可以更好地服务客户，衣邦人对人工智能的应用，最大的亮点体现在赋能着装顾问。行业内有很多人质疑衣邦人用的着装顾问是 90 后的年轻员工，不具备老裁缝的经验。那如何让这些年轻的着装顾问不仅准确记录了量体数据，与顾客无障碍沟通，还得到了顾客的赞赏和认可呢？主要的原因是衣邦人使用了人工智能技术。

例如，在量体环节，着装顾问录入 IPAD 的量体数据，会自动经过人工智能的审查，相当于随身携带了一位老裁缝，告诉着装顾问数据是不是正常，哪两个数据有矛盾，做到实时复核。在顾问挑选面料环节，人工智能也会进行辅助，告诉着装顾问推荐什么色系的面料、什么花型的面料会更适合顾客。智能辅助结合衣邦人专业的顾问培训体系，使着装顾问能够有不亚于老裁缝的专业水平，也让其有更多的精力放在销售以外，比如观察客户的穿着感受、穿着习惯、使用场景并更有亲和力地与客户沟通。

（五）挖掘顾客痛点，全面优化顾客体验

1. 提升穿着体验

衣邦人在一直为顾客提供更好的服装穿着体验上不断发力。2019年衣邦人推出的"活力系列西服"和"凉感西裤"两款产品入围十大纺织创新产品评选。最终，"活力系列西服"以其舒适有弹性、抗皱易打理、可水洗等特点获得"2019年度十大纺织创新产品"荣誉称号，进一步改善了穿西装运动幅度受限的痛点问题。此后抗皱衬衫、可机洗西服、免烫衬衫、银离子纳米抗菌衬衫等一系列创新接踵而至，为顾客解决了西服打理时间少、夏季炎热易出汗等问题，给顾客更好的体验。

2. 研发智能搭配

早上穿什么、中午吃什么、晚上什么时候下班，已经成为许多职场人士的新三大哲学命题。对于希望穿得体面且专业的职场精英男士来说，如果没有经过专业的指导和刻意训练，光凭感觉想搭配好一身服装，确实是件让人头痛的事情。但或许不久以后，结合先进的图像识别技术和大数据，人工智就能解决很多职场人士的困扰。

2020年3月，浙江省智能搭配大数据研发中心在衣邦人成立，这是目前国内首个相关领域的省级企业研究开发中心。未来，只需手机拍照即可获取客户的体貌特征，并通过大数据比对，判断客户身型量感，进而提供相关智能搭配建议，甚至渲染出接近真实的用户着装效果图，这是衣邦人研发中心正在孵化的技术创新方向之一。这一创新能辅助衣邦人着装顾问为客户提供更加专业的整体着装美学建议，客户也能够通过 APP 很方便直观地获取日常搭配。

众所周知，不断积累的深度学习或经典机器学习是人工智能创新的基础，因此人工智能研究创新最需要攻克的难关不是技术而是数据。衣邦人目前拥有国内最大的定制客户群，通过顾问上门量体所获取的精准数据，已针对亚洲人身型建立起国内最大的数据库。这个庞大的数据库，保证了衣邦人在这一领域企业技术的创新上拥有领先同业几个身位的优势，并拥有最好的技术产品化条件，这也是国内首个省级智能搭配大数据研发中心落户衣邦人的原因。而这类创新也只是研发中心众多创新项目中的极小部分。目前，衣邦人智能搭配大数据研发中心累计设立了近30个研发项目，并已完成近20项研究成果的产品及知识产权转化，而未来三年，研究中心还会围绕面料美学特征识别、智能搭配、柔性供应链等多个方向继续开展相关研发。

3. 抓住时空机遇，赋能老客户

2020年，每一个企业都面临着巨大的挑战，但衣邦人却变挑战为机遇，赋能老客户，公司也获得了用户的认可。作为这个行业内拥有最大存量、最高质量老客户基数的

公司，衣邦人提出"如何更有黏性的留住客户"，适时推出老客户特惠预购促销活动，增加老客户的复购率。特殊时期客户都在居家隔离，大部分老客户在之前没有产生更多消费最大的障碍就是没有时间，在线办公期间顾问上门定制服务转成线上服务，老客户有了充分的时间和着装顾问进行比较深入的沟通交流，着装顾问跟客户讲解如何搭配服装、打理形象，客户在家相当于上了一节"网课"。2020 年 2 月 3~9 日衣邦人推出了"安心宅家陪亲人，足不出户换春装"预售活动，预售政策给用户更大力度的优惠和折扣，用户接受度高，单天预售额最高达 420 万元，超过了 2019 年日成交均值。

四、未来发展展望

（一）塑造与顾客产生情感共鸣的品牌文化

服装网络定制不仅是在卖产品，更是卖的一种生活方式以及品牌背后的精神内涵。顾客购买网络定制服装，是为了在社交和工作场合满足个性的自我表达，也是为了穿着合体、舒适所带来的着装感受，顾客需要的是一件能体现更高层次精神和心理需要的服装。所以品牌精神文化的建设至关重要，一个定位明确、有灵魂、有生命的品牌文化，能让消费者快速地在众多竞争品牌中将其识别出来，并能在精神上产生高度认可。品牌文化是在长时间的经营和发展中所形成的文化积淀和企业灵魂，是给品牌注入生命力的源泉。

企业可将品牌的个性、精神和文化内涵渗透到各个层面，例如，品牌发展背景、产品质量、线下展厅环境、服务态度、着装顾问形象、传播营销等方面，以便顾客更好地感受品牌所蕴含的精神内涵、文化内涵和艺术价值。虽然很难将品牌文化具象，但也可以将其物化到多个方面。如可以充分利用平台的流量优势，定期向顾客推送对生活方式品质的理解以及定制服装方面的知识，将品牌文化精神通过此平台物化并广泛传播，建立与顾客的情感关联，使顾客产生精神上的共鸣和愉悦，这样顾客对品牌的关注也会日益增加，有助于增强顾客忠诚度和黏度。

（二）提升数字化能力依然是品牌发展的动力源泉

衣邦人的成长依赖于其对企业数字化能力的建设，要在未来继续引领服装网络定制，企业数字化能力的更新、迭代，将会长久随着品牌发展与创新。衣邦人主要从以下三个方面提升，即数商培养、大数据和 AI 的应用能力和数字化基建。

首先，是全员的数商培养。除了智商、情商、逆商之外，数商也成为员工职场素养之一。企业确实会偏爱数商高的员工，例如，总部招聘的计算机专业、电子商务专业、自动化专业方向的员工比例会高一些，因为这些员工在学校里面接受过更好的数字化教育。

其次，公司是否鼓励大数据和 AI 用来做终端的应用也非常重要。AI 和大数据在商业应用中的显著目标是增加功能或提高效率，从而让消费者获益，或者让供应商提效。

最后，继续强化数字化基建。衣邦人构建了内部的业务中台和数据中台。业务中台是将相关业务的操作、运维纳入其中，其背后的基础是要把所有的业务流程信息化、数字化、在线化，否则大数据将缺少数据来源。数据中台已经开始支撑衣邦人的实时经营数据看板、投放效果评估系统、智能推广及报表系统。目前衣邦人已大部分实现了实时经营数据看板，并逐步淘汰需人工导出分析的报表。着装顾问可以实时看到自身的移动店铺经营情况、顾客复购情况、回访情况、需要上门服务的情况。此外，还可以看到投放效果评估系统和智能推荐的引擎。而网点主管、公司区域总监也能看到更完整的业务数据。

（三）升级产业链，构筑产业生态圈

服装定制市场需求旺盛，可预见市场容量在千亿元级，蓝海市场潜力巨大。预计到 2025 年，商务正装及商务休闲装市场 50% 以上会通过定制完成，规模将超 500 亿元；定制服装市场人群渗透率持续增长，到 2025 年，整体服装定制市场及延伸产业将突破 1000 亿元规模，也将出现大量垂直细分品类的定制品牌。衣邦人未来会继续进行能力输出并赋能到合作伙伴，主要是面向供应链板块，升级产业链。通过利用云裁剪平台智慧制造系统，借助第三方服装制造产业园区，吸纳中小型独立专业服装制造厂，构建高可控供应链，为目标消费者提供极致的购物体验。具体来说，衣邦人对供应链赋能的应用有两大场景，一类场景是对于从来没有做过定制的工厂。例如，成衣厂，对接和应用云裁剪平台，花一个月左右时间可完成定制生产线的部署。另一类是对于已经有一定的按件定制经验的工厂，云裁剪平台可帮它做得更快更有效率、成本更节约、品质更可控。

畅想未来，互联网、移动互联网、物联网的全覆盖，信息技术和工业技术的交融，网络连接商家和顾客，智能设备提高生产质量和效率，不仅是衣邦人，服装定制行业，乃至整个制造业都会加速转型，拥抱更大的可能。

（王涓）

参考文献

[1] 衣邦人官网［EB/OL］. www.ybren.com.

[2] 马思文. 我国服装规模定制发展现状［J］. 中国市场，2018（31）: 64-65.

[3] 郑文静. 基于顾客体验的新兴网络定制男装品牌运营策略研究［D］. 北京: 北京服装学院，2018.

[4] 雷袁. 报喜鸟服装 C2B 大规模定制业务竞争战略研究［D］. 广州: 华南理工大学，2017.

[5] 林娜. 服装网络定制的现状与趋势分析［J］. 美与时代（上），2017（8）: 120-121.

[6] 商业格调范. 衣邦人紧跟智能化服装生产，拥抱更大市场可能［EB/OL］.（2020-06-24）. https://new.qq.com/rain/a/20200624A0UHA0.

[7] 凤凰网安徽综合. 衣邦人预约客户数突破 140 万，APP 注册用户超 260 万［EB/OL］.（2020-06-10）. http://ah.ifeng.com/a/20200610/14313162_0.shtml.

[8] 未来新消费. 衣邦人创始人方琴: BI 下沉、AI 提升，服装定制的数字化趋势［EB/OL］.（2020-05-24）. https://36kr.com/p/721656205576067.

[9] 二水水. 衣邦人: 对成衣定制 O2O 来说，供应链的整合很关键［EB/OL］.（2015-10-14）. https://36kr.com/p/1720948850689.

[10] 中国纺织报. 服装定制的未来何在? 第三届中国服装定制高峰论坛探寻大问题，中国纺织报［EB/OL］.（2019-05-08）. https://www.sohu.com/a/312660064_235256.

ii

第二篇
专题理论篇

第六章
新零售下家纺企业模式创新路径研究

随着互联网、大数据、人工智能与实体经济融合程度逐渐加深，生产、流通、消费融合发展和协同创新的格局越趋明显，家纺企业必须探索线上渠道与线下渠道融合的协同创新发展模式与路径。新零售业态将有助于推动家纺产业价值链重构，提升市场交易效率和企业生产组织效率，并在中高端消费领域培育新增长点。可以预见，新零售将成为推动家纺行业发展的巨大新动能，亦是供给侧结构性改革深入推进的新支点。

一、新零售的内涵及其核心技术

（一）新零售的兴起

我国传统的零售业在不断快速发展之后，在这几年逐渐呈现下降的趋势。近十多年随着互联网快速的普及，我国电子商务和物流业迅速发展，例如，阿里巴巴、京东等，但是我国的电子商务行业经过十几年的高速发展，其大格局基本已经固定，依赖互联网流量的红利时代已经结束了。因此，需要探寻一种新的零售模式。目前，各大零售企业，包括电商企业，都加入了探索新零售行业未来发展的潮流中，利用科学技术去推动人、货、场等环节的布局和重构，新零售模式呼之欲出。

2016年10月，阿里巴巴集团董事局主席马云首次提出了"线上＋线下＋物流"深度融合的"新零售"理念；2016年11月，国务院办公厅印发了《关于推动实体零售创新转型的意见》，强调要"引导实体零售企业逐步提高信息化水平，将线下物流、服务、体验等优势与线上商流、资金流、信息流融合，拓展智能化、网络化的全渠道布局"。可以预见，在"新零售"时代，各行业势必会开始新一轮的重新洗牌，无论是单纯的线上电子商务企业还是传统的线下实体零售企业，以及品牌企业（比如家纺企业）都将不可避免地创新自己的商业模式。

（二）新零售的内涵

究竟什么是新零售呢？不同零售企业的定义不一样，来自阿里巴巴的官方定义是"新零售就是以消费者体验为中心的数据驱动的泛零售业态"。在新零售界定下，人、货、场三大核心零售组成元素被重新定义；另外，三者之间的商业关系也发生了重构（图6-1）。具体来说：人从原先的单纯消费者，向消费者及合作生产者的角色转变；货从原有的商品的概念，向全方位的消费过程及体验转变；场从原先的线上、线下零售终端，向泛零售、更加场景化转变。因此，从本质上讲，新零售就是以互联网为基础去打通线上线下，通过运用人工智能、大数据、物联网等现代先进的技术去重构传统零售业的"人、货、场"，最终提升运营效率和消费者用户体验的零售新模式。

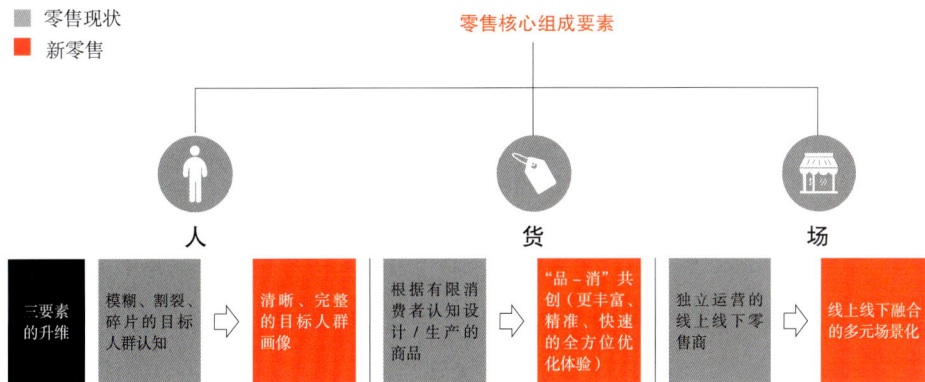

图6-1　零售核心组成元素

（三）新零售的核心技术

在新零售驱动因素中，技术扮演着极其重要的角色，是未来新零售发展的主要发动机。新零售有关的核心技术包括大数据、人工智能、云计算、物联网等。

大数据技术包括大数据采集、大数据预处理、大数据存储及管理、大数据分析及挖掘、大数据展现和应用等。大数据处理技术能通过解析人、技术、事物的过去和现在的特质，实现对未来的"预测功能"，从而在新零售中挖掘潜在商业价值，其方法主要分为顾客群体细分、模拟实际环境、强化供应链效率、降低服务成本四种。

云计算技术分为硬件、云操作系统、云平台软件和云应用软件四个关键环节，将数据的处理过程从个人计算机或企业服务器转移到云上。云计算技术在新零售的应用，就是云计算、商务、经济等相交叉而形成的新的盈利方式。利用云计算技术可以提高服务效率，降低新零售成本，增强数据安全性，同时可以帮助企业方便快捷地进行日常的商业活动，企业员工、消费者可以利用各类智能终端进行商品的查询、支付等操作。

人工智能技术是包括机器人、语言识别、图像识别、自然语言处理和专家系统的各方面的综合技术。利用人工智能技术布局新零售，主要在智慧供应链、智能客服、无人便利店等方面。智慧化的供应链围绕"人货场"，提供商品管理、动态定价等应用场景的解决方案，为家纺企业构建运营计划和决策体系；智能客服通过"意图识别""命名实体识别""自动问答"来提升用户满意度；无人便利店利用计算机视觉、深度学习和物联网支付等技术。

物联网作为一种感知层的物理实现，能够以极低的成本将商品信息数据化，从而将整个线下零售的所有商业行为都搬到互联网上，并用大数据和人工智能进行处理和分析，形成一个线上线下商业行为的全图景。物联网技术的核心是 RFID、NFC 和各类传感器技术，辅以二维码、机器视觉、GPS、ESL 等技术。超过 70% 的零售业者正在使用物品级或计划使用 RFID 系统，达到提升供应链可视化程度，并节省更多的相关库存成本。

二、新零售下家纺行业发展新趋势

新零售背景下，我国家纺行业的管理，在渠道形式、消费习惯、研发创新、智能生产、跨界融合、可持续发展等方面，均较以往表现出有显著差异的新趋势。

（一）由线上聚力向线上线下融合转变

线上网商销售增速放缓。以增速超过家纺行业平均水平的床品产品市场为例，近几年线上渠道增速放缓，线下渠道明显增长较快。电子商务在前一阶段迅速发展期间，为培养消费习惯，多采用针对线上商品的款式、价格、配送等常规优惠措施。但现阶段，消费习惯已建立，线上销售的价格及售后服务优势逐渐减弱，企业开始关注如何更广泛地、更稳定地吸引客源，因而引导消费者采用多种购物渠道成为重点。线下实体销售倾向扩展线上业务。即使企业以线下实体店面销售为主，也必须重视线上业务的开展，从而获得扩大销售、增强体验、降低成本等优势。最终形成线上与线下融合、购物场景多样化的渠道趋势。

（二）由重视性价比向重视消费体验转变

消费者个性化需求显著，产品定制趋势显现。新生代消费者关注产品的个性化、独特性，对于家纺产品的定制化需求明显增多。与服装产品不同，家纺产品的品牌差异主要集中于品质及服务，而非设计，因而其买手模式趋势并不明显。

消费者重视购物体验。利用新技术，线上渠道可采用虚拟 VR 与实景同步展示产品及购物场景，提高消费者的线上体验。消费圈层化趋势明显。有同样兴趣爱好的消费者多会形成黏性较高的社区文化及小群体，并且消费需求有明显层次划分，对品牌的社交心理需求远高于以往。最终形成个性化定制需求加大、重视消费体验、重视社交评价的消费需求新特征。

（三）由聚焦成本领先向智能生产转变

利用数据时代新技术，生产规模化与产品定制化达到有效统一。借助客户信息碎片化后的数据整合，服装生产可实现定制产品的规模化生产。家纺产品也同样，企业利用互联网，将分散的消费者需求信息，经过收集、分拆、汇总后，即直接进行构件的大规模生产，从而实现定制产品与规模生产的有效结合。

企业生产智能化程度提高。生产设备智能化，且生产工艺与消费端信息无缝连接，可按终端客户需求即时安排生产，极大降低了生产成本、人工成本、库存成本等。例如，亚光家纺的自动输送料设备，可实现取料、称量、配料、输送等过程全部自动化、智能化，从而有效减少人工成本。生产的智能化，信息的融合化，即智能化与信息化的结合，才能真正带来行业生产效能的提升。

云计算、大数据、物联网和人工智能等新技术驱动的数字化时代的来临，要求企业必须进行数字化转型。

（四）由产品材质研发向智慧功能创新转变

领导型企业的产品创新尤为重要。领导型家纺企业，为建立独特竞争优势，依然会进行较大投入的产品创新。例如，罗莱家纺旗下 LOVO 家纺的雷克雅专利立体鹅绒被系列产品，金佰利纺织的轻奢风提花割绒窗帘，奥坦斯的新中式易护理沙发布等。

在功能化家纺产品的基础上进行延伸，生产智能家纺产品。例如，和而泰的智能止鼾枕、科技感应"助眠盒子"。在互联网的推动下，家纺行业的转型升级，除了提升产业链价值定位外，主要集中在产品的智能化、生产的智能化，以及由此带来的产业链的整合与扩张。

（五）由家纺行业内扩展向大家纺、大家居转变

在大家纺、大家居的概念成为家纺行业发展主流的背景下，家纺企业的跨界融合

越来越普遍，主要涉及家居行业、软装行业、酒店行业等。其中，整体家装风格的匹配要求增加，家纺行业与家居、家装行业联系更紧密。例如，罗莱生活进入软装家居，与室内设计整合和梦洁的智能家居领域拓展战略；小轩窗的软装"1+1"、悦达的"设计师联盟"、蓝丝羽的O2O等，都在影响消费者生活方式；富安娜制订了进入家具领域的美家"全屋艺术美家配置"战略，建立"小宜家"发展模式；多喜爱与科通芯城合作，实施智能家居"AI+家纺"的发展战略；梦洁股份涉足家居服务领域。

由于家纺行业进入壁垒较低，且几乎没有知识产权保护，导致行业内低价竞争成为常态。而在新零售背景下，消费者消费习惯倾向个性化消费体验，产品需求呈现多样化。这样，进行跨界融合的企业，就可更好引导消费需求，从而建立独特优势。

（六）由关注生产效率经济效益向增强社会责任的社会发展观、可持续发展观转变

消费者要求产品绿色、环保、安全、健康的消费理念，逐渐成为当前消费市场的特征。消费市场上对环保产品有更多需求的同时，企业的生产环节也在尽量降低能耗、减少污染。例如，水星家纺与美国公司合作研发的，以天然玉米为原料的新型绿色环保产品；喜临门以纳米竹炭、天然黄麻为原料的新型床垫；愉悦家纺牵头研发的"高精度圆网印花及清洁生产关键技术研发和产业化"，节能减排效果显著；富安娜·美家产品使用环保型胶水等。

家纺行业中，政策环境的客观限制，也要求企业加强环保技术的研发。由于全国各地均加强节能减排并推行大气排放标准的制定及执行，许多毛巾企业受此影响，出现了不同程度减产，整个毛巾产业2017年一季度曾出现大幅下降。虽然，第二季度就开始好转，但这种威胁还将持续存在。家纺企业欲保持优势地位，进行环保技术的研发投入尤为重要。

三、新零售下家纺企业模式创新主要路径

在新零售背景下，家纺行业供应链发生了一系列革新（图6-2），呈现出消费群体的个性化圈层化消费心理特点、注重消费体验的消费场景需求、智能产品及智能生产等领域的变化。数据驱动下的海量物联数据、智能生产流程等都将改变企业决策程序，家纺企业必须开拓适应新形势的管理创新模式，在已见雏形的大家纺大家居，实现健康的可持续发展。

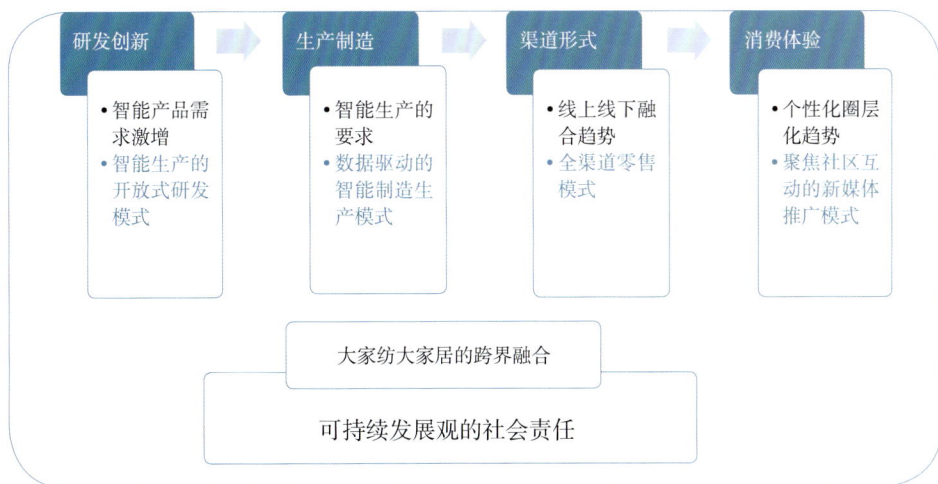

图 6-2　新零售下家纺企业模式创新

（一）研发创新：聚焦智能产品的开放式研发

智能产品、环保产品或工艺，是家纺行业未来技术需求的重点，也是企业可持续发展的必然要求。例如，具有照明功能的床品、行走姿势感应的地毯、具有警示功能的窗帘、可自动加热的纺织品等。智能家纺产品成为未来发展主流，甚至将扩展至智能家居生活领域。

但此类关键技术的研发，一般均需多个行业的技术背景。以往那种局限于企业内部的封闭式创新，远不能实现这类技术突破。家纺企业应积极利用外部资源，与外部企业进行合作研发，建立开放式创新模式。

（二）智能生产：实施数据驱动的智能制造生产

新零售使制造业和制造服务业日益融合，服务替代制造成为产业价值链的中心环节。打通销售与生产的隔阂，为提高服务水平、缩短生产周期、降低生产成本，建立基于销售订单的生产制造、物流配送等模式。不仅是进行生产自动化改造，更重要的是进行生产流程智能化设计。

例如，梦洁家纺的吊挂式传输加工系统，将销售终端的客户订单信息与生产任务相通，将自动剪裁的半成品按加工顺序输送至加工工序和工人操作位；加工完成后，直接检测完进入智能仓储，最终，用工量减少 10%，而生产效率提高 20%。高效的供应链流程再造，对解决传统的家纺产品库存积压问题，有重要意义。

（三）渠道形式：构建线上线下融合的全渠道零售

建立新零售的渠道创新意识，打造全渠道零售模式。无论是网商品牌，还是传统的实体店销售模式，均应加强线上与线下融合。并且，着重关注开通线上的虚拟消费体验、建立线下的社区零售网点。例如，觉客的店货分离模式，将传统的零售店铺货，改为直接通过网络下单，由厂家直接配送至客户终端，完全去除存货成本。

家纺企业还应尤其关注渗透社区的小型零售网点。电商巨头纷纷铺设线下实体零售店，例如，天猫小店、京东新通路等。新零售下，零售店选址已由城市中心区向居民社区转移。大型商超也开始投资建设社区内的小型零售网点，例如，沃尔玛、塔吉特等。家纺产品作为日常消耗品，更适宜线下实体零售形式。

（四）消费体验：重塑个性化圈层化的消费场景体验

针对消费群体年轻化、时尚化、个性化的消费特点，采用微博、微商、小程序等新媒体，与传统媒体相结合，进行全方位品牌推广。

随着大家居概念的普及，企业应积极推广线下消费体验店，丰富产品种类的同时，改进营销模式。例如，设置家居布艺生活馆，店内布置床品、家居饰品、壁纸、沙发等，使消费者在实际场景中体验相关产品带来的生活方式。而数字标牌、智能定位、自助终端和 VR 展示等智能技术，也可直接满足消费者对购物体验的需求。

（五）跨界融合：面向大家居的跨界融合与可持续发展

跨界融合是领先企业未来发展的重要战略。家纺、家居融合，导致一体化发展趋势显著。例如，海宁家纺的"帘到家"布艺营销新模式，融合"网购平台""线上旗舰店""线下实体店"三大系统，实现线上线下的无缝对接，重塑家纺生态圈，推动家纺产业集群发展，建立集窗帘销售、体验、服务于一体的 O2O 销售平台；圣瑞思利用智能制造扩展自己的产业链，从最初的服装生产吊挂流水线业务向智能仓储系统、智能物流分拣系统、企业智能化数据管控系统等工业智能化产品拓展，涵盖纺织服装、家纺、物流、童车、箱包、制鞋等众多行业，并形成了完整产业链。同时，家纺企业也应加强对环保节能产品技术及生产工艺的研发与应用，培养消费者绿色环保的消费习惯的同时，实现可持续发展。

四、结论

新零售下，人、货、场三要素被重新架构和定义，家纺行业在渠道形式、消费习惯、智能生产、跨界融合、研发创新等方面呈现新趋势，企业需尽早建立与之相适应的新模式，打造线上线下融合的全渠道零售模式、适应个性化圈层化的新媒体推广模式、信息无缝链接的智能制造生产模式、面向大家居的跨界融合模式、聚焦智能产品环保产品的开放式研发模式等，从而在新零售的浪潮下持续高质量发展。

（赵洪珊，马琳）

参考文献

［1］谢璐，苗苗. 线上线下零售业态"新零售"逻辑与助力发展的政策建议［J］. 商业经济研究，2019（21）：16-19.

［2］袁佳玲，王海盈，陈丽媛，等. "新零售"发展前景及关键问题研究［J］. 现代商贸工业，2019，40（15）：53-55.

［3］张艳. 新零售商业模式研究［J］. 商业经济研究，2018（20）：16-18.

［4］徐印州，林梨奎. 新零售的产生与演进［J］. 商业经济研究，2017（15）：5-8.

［5］王洛涛. 基于大数据的家纺行业发展预测［J］. 中国新通信，2016，18（20）：140-141.

第七章
品牌孵化理论与实践

近年来，孵化或孵化器的概念在不同的行业得以应用，并从最初围绕产品孵化转向以打造品牌为目标的品牌孵化。品牌孵化在培育、扶植和建设品牌方面发挥了更多的作用。本文以品牌孵化相关理论为基础，分析品牌孵化的条件，介绍了服装品牌孵化的基本情况和特点，并以上海圣和圣服饰市场、韩都衣舍、江南布衣为例，分析专业批发市场、互联网品牌、设计师品牌等不同类型的服装品牌的孵化模式。在消费升级和互联网发展的背景下，通过品牌孵化模式完成品牌构建并实现品牌运作具有广阔的发展空间。

一、品牌孵化的理论

（一）基本概念

1. 企业孵化器的定义

孵化器（Incubator）本义是指人工孵化禽蛋的专门设备，后来将这个概念引申到经济服务、创新创业服务等领域。

企业孵化器的概念发源于20世纪50年代的美国，是随着新技术产业革命出现的。一般是指一种新型的社会经济组织，在企业创办初期，在一个集中的空间，通过提供研发、生产、经营的场地，通信、网络与办公等方面的共享设施，系统地培训和咨询，提供政策、融资、法律和市场推广等方面的支持，降低初创企业的风险和成本，提高企业的成活率和成功率。

Grimaldi 和 Grandi 将孵化器区分为四类：创新中心（Business Innovation Centers）、大学孵化器（University Business Incubators）、私营孵化器（Independent Private Incubators）和企业运营的孵化器（Corporate Private Incubators）。他们指出，孵化器间的差异是由孵化企业的需求变化引发的，这些需求恰恰鼓励了孵化器差异

化为其提供不同的服务。目前，随着互联网和通信技术的发展，虚拟孵化器（Virtual Incubators）也应运而生。

企业孵化器在推动高新技术产业的发展，孵化和培育中小科技型企业，以及振兴区域经济，培养新的经济增长点等方面发挥了巨大作用，引起了世界各国政府、社会的高度重视，企业孵化器也因此在全世界范围内得到了较快的发展。

在我国，企业孵化器在早期阶段基本上由政府经营管理，随着创业风潮的出现，越来越多的企业介入孵化器的经营。很多产业基地、企业、专业市场、甚至商场和展会都打出了孵化器的概念，一时间孵化器在各行各业纷纷涌现，各类孵化器也似雨后春笋般出现。

可见，企业孵化器是政府或企业、机构为众多新兴企业提供集中发展环境和成长空间的一个平台，通过各种手段来服务和扶持新兴企业，使新兴企业能够在这个平台中不断壮大，并由此成为成功的企业。

2. 品牌孵化器的概念

随着企业对品牌及其作用的重视，人们意识到品牌运作对企业经营的重要性，越来越多的企业介入品牌孵化器的经营。

品牌孵化器的概念由企业孵化器而来。一般由企业或机构来执行，这个孵化器能够帮助企业完成市场调研、新产品开发、品牌注册、品牌策划及推广，为企业提供系统品牌开发及策划推广的专业组织，使企业在市场中建立自己的品牌，不断将企业的生产和技术实力，转化成品牌实力，最终使企业拥有自己的品牌影响力，打造出具有社会影响力的成功品牌。

3. 品牌孵化的概念

20 世纪 90 年代以来，品牌孵化这一概念在营销中被频繁使用，指企业或公司（孵化器）为创业者提供良好的环境和条件，帮助创业者完成产品生产和品牌的定位、策划、推广、运作等工作，并尽快把孵化的品牌形成商品并推向市场的过程。

一般来说，品牌孵化覆盖品牌的导入期、成长期、成熟期等各个发展阶段，企业或公司为其注入系统性的市场营销解决方案，注入规模化的资金资源，注入实力雄厚的营销团队资源，注入强大的市场方案落地资源，从而实现品牌跨越式发展。

服装品牌孵化是品牌孵化的一种类别，特别指企业、品牌或机构为服装创业者提供一定的创业环境和条件，帮助创业者推出受市场欢迎的服装产品及品牌，形成一定的品牌影响力的活动。

由于服装行业是一个传统行业，产业链长且琐碎，从设计师到顾客中间还有面料商、生产商、批发商、零售商等繁杂的环节，因此，服装品牌孵化与其他类型的产品孵化不同，例如，科技类产品孵化强调的是快速的投资回报比，这与服装产品生产过程的

"慢"形成了对比，但同时，服装与社会时尚、风潮密切相关，具有变化快、个性化需求明显的特点，因此，服装品牌孵化有其形成和发展的内在规律。

（二）品牌孵化的条件

并不是所有的产品都能够进行品牌孵化，一般需要具备以下条件：

（1）该产品是一个真正有潜力的产品。一方面是指产品属性、设计、质量等符合一定的要求；另一方面是指该产品有一定的市场需求。

（2）品牌所有者和品牌孵化者都应具备较好的品牌理念，且认同该品牌理念。

（3）品牌孵化需要一个较长的周期，需要有足够的时间去等待和持续努力。

（4）品牌孵化需要一定的资源保证，如果缺少必要的资源或资源不匹配，将导致孵化失败。

当前，我国承担服装品牌孵化的孵化器，除了品牌企业之外，还有专门的品牌孵化公司以及一些服装专业市场，例如，上海希弗迪时尚创意设计有限公司（CFD）以及名堂品牌孵化和管理公司（Magmode）都是从事服装品牌孵化的专业公司。另外，中国纺织工业联合会流通分会和中国服装协会共同命名推动了"中国服装品牌孵化基地"建设，到2019年为止，总共有32家"中国服装品牌孵化基地"入选（表7-1）。这些服装品牌孵化基地以原来的服装专业市场为依托，进行服装品牌孵化和培育，提高品牌运营思路和模式，扶持品牌创意设计、加强产品品质控制等，使基地中的品牌企业得到了快捷高效的公共服务。

表7-1　中国服装品牌孵化基地名单（截至2019年）

序号	名称
1	北京五方天雅"互联网＋"女装体验中心
2	常熟天虹服装城
3	成都九龙广场
4	大红门服装商贸城
5	广州白马服装市场
6	广州市红棉国际时装城
7	河北磁县童装城
8	河北清河县羊绒小镇
9	虎门富民时装城

序号	名称
10	石狮服装城
11	桐乡市濮院羊毛衫市场
12	西柳服装市场
13	中国常熟服装城
14	西安·华东万悦城
15	义乌小商品城·篁园服装市场
16	即墨国际商贸城
17	济南泺口服装城
18	嘉兴洪合毛衫城
19	江西万马欧韩服装城
20	上海新七浦服装市场
21	安徽中绿广场
22	成都大成服装市场
23	华海达（国际）服装交易中心
24	沈阳五爱市场服装城
25	苏州虎丘婚纱城
26	重庆朝天门市场
27	NSS 新外贸村女装城
28	中纺中心服装城
29	沈阳五爱集团
30	株洲芦淞服饰城
31	石家庄金指数
32	上海圣和圣服饰市场

资料来源：中国纺织工业联合会

二、"韩流文化 + 设计师"品牌孵化

（一）案例基本情况——上海圣和圣服饰市场

上海圣和圣服饰市场，是上海主要的服饰批发市场之一，毗邻两大国际金融中心——外滩和浦东，坐拥南京路、四川北路、不夜城三大市级商圈

（图 7-1）。2006 年，上海圣和圣服饰市场自开发并持有运营的圣和圣韩国馆，是国内最早做韩国文化主题商业并一直持有运营至今的主题商业市场。圣和圣韩国馆是一幢地上 5 层、地下 2 层、总建筑面积约 2 万平方米的高档市场；中央空调、观光电梯及专用货运电梯等配套设施完善，商场安装有闭路 LED 系统、智能监控系统，其中大型地下车库有近 2 万平方米，330 个车位；仓库近 3 千平方米，为圈内首屈一指。

图 7-1　上海圣和圣服饰市场的外观

　　早期，上海圣和圣服饰市场专注做专业服装批发零售市场，随着韩国文化在中国的兴起，为了抓住这一时机和商机，圣和圣与在韩国最好的商圈——东大门有着 10 年以上商场经营成功经验的 NUZZON 强强联手，将商场转型、重新包装，走韩流文化及"小而美"的精致化路线，使国人不出国门就能在第一时间接触到韩国最新的潮流服饰的经营理念，成功打造成上海首家韩国主题服装批发市场和上海首家韩国文化服饰的主题馆。

（二）优势与特色

　　圣和圣服饰市场具备韩国独资品牌、韩式装修风格及商场管理、100% 韩国商品、打造有特色和差别化的韩国商品专营商场四大特色。圣和圣秉承将韩国时尚文化带入中国的经营思想，主要以年轻、追求时尚的都市白领女性为主力客群，以服装，美妆，鞋、包、饰品、咖啡店来全方位吸引顾客，使顾客能够享受到纯正的韩国服饰品牌及韩式购物体验与人性化的服务。

　　2013 年，圣和圣服饰市场联手韩国专门服装市场中心地东大门的领头军纽尊时尚馆，从改善商场的运营系统等方面到本次商场的大幅度内外部装修，将商场的形象打造得更整洁干净，更符合韩国时尚专门馆的风格。商场的装修整改聘请了韩国百货商场有设计经验的专门设计团队参与其中，在扶梯，电梯等共用部分进行施工，并在电梯，扶梯等便利设施方面以及商场各角落导入韩国设计流行元素。同时设置了大量顾客休息空间，增加了顾客休息场所。

2014 年服饰市场引进韩国原装品牌，将 4～5 楼打造成"韩国品牌馆"，并进行针对性的宣传。在此立足的韩国品牌，以圣和圣韩国馆为根基，通过开设代理店及连锁店，在中国其他地方扩张其流通网，而圣和圣和纽尊时尚馆对其进行全面管理，努力把商场打造成真正的专业韩国馆，其中韩国直营品牌将近 100 家，包括韩国知名的设计师品牌。

（三）孵化设计师品牌

近年来，圣和圣韩国馆不仅要"小而美"，更要"美而精"，发展的重心也在向品牌的孵化和培育倾斜，积极孵化、培育场内优秀设计师品牌。通过供应链管理、"设计 + 研发"、轻资产输出、创新运营模式凸显平台集聚效应等多种手段打造新零售时尚平台和孵化基地，为更多成长型优秀韩国设计师提供更好的机会，让他们在还没有

图 7-2 圣和圣孵化的优秀设计师品牌 MNsujian
图片来源：https://m.sohu.com/a/315955731_120045371

足够实力独立开店的情况下，也能进入中国市场、被更多的中国消费者看到（图 7-2）。

韩国大邱市是当今引领韩国时装产业的中心，圣和圣韩国馆积极与大邱政府和产业部门建立联系，邀请设计院、设计师到圣和圣韩国馆进行现场访问和调查，举办多次座谈会和交流会，并于 2019 年 9 月 1 日引入了由 11 家时尚品牌组成的大邱馆入驻圣和圣韩国馆（表 7-2），并专门成立"韩国服装设计师大邱馆"，积极培育韩国设计师品牌。这些品牌坚持自主原创设计，推崇独特个性的设计理念和低调的品位，传达出细腻的韩国服装设计特色，给予穿着者最大的惊喜体验，同时保证衣服的高性价比，受到消费者的欢迎。

表 7-2 "圣和圣"韩国服装设计师品牌

序号	品牌名称	品牌特色
1	MAISON DE INES	从表面看 MAISON DE INES 并没有那么的华丽。但在衣柜的某一处，有那一件与什么都相搭的服装，那种"百搭感"的力量，是非常重要的
2	IS DEEP	设计经典利落，以基本无彩色为主色调，在极简中追求细节设计，专注于产品面料的材质

序号	品牌名称	品牌特色
3	GAZE DE LIN	专门为 20~40 岁女士打造自然造型，立体图案与悬垂式设计服饰给每一个人打造不同造型，最大的特点是穿着不受体型、尺寸、年龄限制。无须多款搭配，仅一件就可打造时尚新潮造型
4	JEINIK	品牌的中性帅气感来自其主打的风衣及外套系列。很多风衣的灵感来自军装 LOOK，线条较极简硬朗。虽然是女装，仍旧突出了女性帅气灵动的一面
5	ARENA BALSSAM	极简时尚的设计，不受场地或季节限制的通勤 LOOK。高密度面料和功能性面料的使用，凸显商品设计应有的廓型和质感
6	BOOK ON THE PARK	基于街头服饰，在简约的设计上以图案为亮点，添加个性的单品，用棉材质制作。宽松的款式穿着感舒适，是选用棉质材料制作的休闲品牌
7	SLOW MOVE	品牌寓意"缓慢前进，像女人一样，拥有外柔内刚的气质"，专注于女性的内在美
8	FROMYITH	在世界旅行中获得旅行的灵感完成设计的品牌。方便易用的时尚，旅行敏感度针对步行旅行者。鞋底的面料透气性好，抗污染性强，柔软触感让脚部感觉舒适
9	J WOOC	摩登＋极简＋街头休闲的风格，采用柔软的棉和桑蚕丝面料，舒适环保，致力于为现代都市女性打造细节精巧、具有时尚摩登感并且独特的时尚着装
10	D MOMENT	D Moment 是 Dear+Moment 的合成词，包含着"让你宝贵的一天成为魅力瞬间"的意义，极具现代时尚感
11	CHOIBOKO	韩国设计师崔福浩同名品牌，使用自主研发的印花的艺术风格补丁设计，展现舒适的结构轮廓

资料来源：https://xw.qq.com/cmsid/20190930A0KF7700

2019 年，圣和圣韩国馆被授予"中国服装品牌孵化基地"称号，成为中纺联流通分会常务理事单位，彰显了业界对其在中韩设计师品牌成长和中韩文化交流中发挥巨大作用的肯定，上海圣和圣服饰市场荣获"中国服装品牌孵化基地服务典范"称号。

圣和圣韩国馆总经理助理江彦锋表示，"未来，圣和圣韩国馆将认真做好中韩时尚品牌的培育与服务工作，助力更多时尚品牌更好更快地发展，打造业内一流的中韩时尚文化共同体和中小品牌孵化中心，为新消费时代服装市场的繁荣、国际交流和产业健康发展做出更大的贡献"。

三、"云孵化 + 场内孵化"模式

（一）案例基本情况——韩都衣舍

韩都衣舍创立于 2008 年，定位于基于互联网的多品牌运营集团，连续 7 年全网销量领先。韩都衣舍的产品以韩风等时尚元素为设计特色，以每年上线近 3 万新款，平均每天上新近 100 款的速度，获得年轻消费女性的认可。截至 2020 年，韩都衣舍是天猫女装类目粉丝数量第一的品牌，赢得超 5000 万年轻女性青睐，截至 2020 年 4 月韩都衣舍旗舰店粉丝收藏达到 2248 万。韩都衣舍先后获得十大网络品牌、中国服装成长型品牌等荣誉称号，成为中国最大的互联网生态运营集团之一。

韩都衣舍成功的关键包括其柔性供应链系统、IT 信息系统、中央智能储运物流系统和专业的客服系统，以及其最引以为豪的产品小组制。

（二）产品系列

从韩都衣舍的发展过程（表 7-3），可以看出其战略目标的确定，即从单个品牌往多个品牌经营，并逐步向品牌孵化平台发展。目前其运营的品牌已经超过 200 个。

表 7-3　韩都衣舍运营发展历程

时间	发展阶段
2008~2011 年	单品牌运营
2012~2013 年	多品牌运营
2014~2015 年	品牌孵化平台
2016 至今	互联网时尚品牌生态系统

韩都衣舍的产品主要分为时尚休闲系列、都市通勤系列、基础百搭系列、设计师系列、IP 系列、明星合作款等，其中，设计师系列和 IP 系列如表 7-4 所示。

表 7-4　韩都衣舍设计师系列和 IP 系列产品

序号	设计师系列名称	IP 系列名称
1	LUJIN ZHANG 系列	佩斯利系列
2	REFUSE CLUB 系列	本草纲目系列

序号	设计师系列名称	IP 系列名称
3	LEAF XIA 联名系列	地球英雄系列
4	D-Antidote 系列	海洋环保系列
5	8ON8 系列	—
6	好运鼠系列	—

资料来源：http://www.handu.com/

以上产品中，8ON8 系列是韩都衣舍携手潮牌 8ON8 设计师龚力推出的，由于 8ON8 是明星和潮人圈公认的潮牌，创始人兼独立设计师龚力是被授予 LVMH（Grand Prix LVMH Scholarship，路威酩轩大奖赛奖学金）全奖的第一个中国人，其独特的设计深受众多明星推崇，因此，2020 年 5 月 25 日，"韩都衣舍 × 8ON8 设计师联名系列"正式发售之后引起时尚圈的关注。该系列把 8ON8 复古未来主义美学和韩都衣舍年轻时尚理念很好地融合在一起，打造出不被定义的另类年轻时尚，独具创意的设计和高级的品质引发消费者追捧。

（三）品牌孵化的模式

韩都衣舍的创始人赵迎光曾说过："电商企业的常态就是创新。只有不断去创新，才能不被这个时代淘汰。"

自 2016 年开始，韩都衣舍全面开放其品牌孵化和配套的服务系统。韩都衣舍孵化的品牌大体可以分为企业自主品牌、合资品牌、其他品牌三类，由韩都衣舍进行代运营并提供服务。由此，企业由单一品牌商转化为"品牌商＋服务商"。

依托数字化商业系统，韩都衣舍在腾讯、京东、唯品会等"互联网基础设施一级生态"的基础上建立了"互联网品牌二级生态"系统。二级生态系统的实质是在"云孵化＋场内孵化"的体系下进行电商代运营，这两种模式其实承担了孵化器的功能。

1. "云孵化"模式

云孵化的概念是基于互联网平台的虚拟空间。由韩都衣舍的全资子公司韩都动力负责。韩都动力成立于 2016 年，基于韩都衣舍的运营及系统能力，为跨区域、跨国家的各类品牌提供互联网运营的解决方案。由于没有物理空间的限制，孵化服务范围扩大到全国乃至全世界。

截至 2019 年 6 月，韩都动力已成功为古井贡酒、23 区、MVELY、NERDY、

MAKEHEAL、ROSEBULLET、顺清柔等 300 多家国内及国外品牌提供电商整合服务，品牌地覆盖中、韩、日、意、德、美、英等国。云孵化项目累计 280 个，其中包含服装饰品、家居、食品等多个板块项目。

2. "场内孵化"模式

场内孵化是指进入孵化器的品牌入驻基地内，基地向进入孵化器的品牌或项目导入相应的"政府、公司（韩都衣舍）、社会"（Government-Company-Partnership，GCP）三方的资源。场内孵化在"智汇蓝海互联网品牌孵化基地"进行。2016 年 7 月，"智汇蓝海互联网品牌孵化基地"正式成立，这是一个由政府与企业进行联合运营，采用 GCP 模式的新型创新创业孵化器。

按照孵化器内部和外部来划分，可以分为外部资源和内部资源，结合这些资源可使项目得以快速发展，使品牌孵化成功。截至 2019 年 7 月，孵化场场内项目累计超过 200 个，正在孵化项目 100 余个，在孵化项目总计近 50 亿元。由于创新孵化基地与毕业项目（成功孵化的品牌）保持密切联系。因此，已毕业孵化器的项目经验、知识等又成为品牌创新孵化器的新资源。

（四）品牌孵化的生态系统

在韩都衣舍，不管是自主品牌、合资品牌还是其他代运营的品牌，只要进入孵化器中，孵化器就会综合内外部资源的空间，为各类品牌提供销售渠道、促销经验和内外部资源，使品牌最初从模仿学习、赋能升级，到最后项目能够顺利毕业并能在各类环境中独立高效运营，该项目或品牌的经验和技术又成了孵化器新的资源。

韩都衣舍的消费侧基于电商平台如天猫、京东、唯品会等一级基础设施生态系统，这个基于一级互联网基础设施的生态系统，为加入孵化器的各个品牌提供了有效的出路保证，并为各品牌如何在互联网平台成功运营提供了经验和渠道，为孵化品牌提供了销售协助，根据韩都衣舍的互联网品牌运营经验为入驻孵化器的品牌提供方案。因此，"一级互联网基础设施生态系统"是进行孵化的品牌和项目的销售平台或渠道

"互联网品牌二级生态系统"则展现了不同品牌进入孵化器的情况，通过场内孵化或云孵化模式，从互联网销售平台进入消费侧，在此过程中，韩都衣舍为进行孵化的品牌和项目提供服务与资源（图 7-3）。

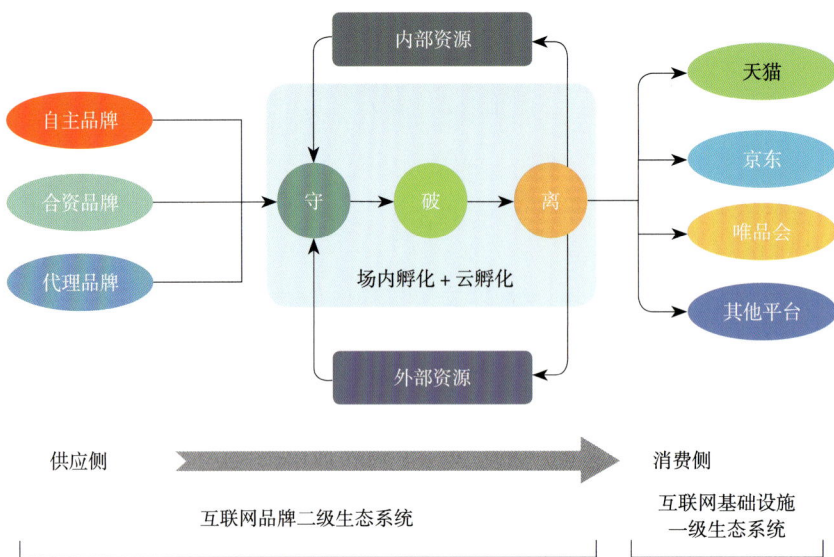

图 7-3　韩都衣舍品牌孵化的生态系统

四、"品牌矩阵 + 买手店"品牌孵化

（一）案例基本情况——江南布衣

1994 年，江南布衣有限公司在杭州创立，集团旗下首个品牌江南布衣（JNBY），是我国著名的本土设计师品牌之一，其所传达的"Just Naturally Be Yourself"生活口号深入人心。2016 年 11 月 1 日，江南布衣在中国香港上市，成为中国第一家上市的本土设计师品牌。截至 2019 年 6 月 30 日，江南布衣拥有门店数（包括自营店及经销商店）共 2018 家，成为中国领先的设计师品牌时尚集团。

（二）品牌孵化模式

1. 构建"品牌矩阵"

最初，江南布衣主打江南布衣（JNBY）单一品牌，面向 25～40 岁青年女性，传递独立自我、善于求新、中性浪漫、优雅并存的品牌文化，产品包括服装、鞋类、箱包、帽子、围巾等。零售网络遍布北京、天津、长春、大连、沈阳、成都、重庆、杭州、上海、武汉、长沙、广州、深圳、海口、厦门等大中城市。2004 年，江南布衣开始拓展国际市场，2005 年初，江南布衣在俄罗斯开设了第一家品牌专卖店。之后江南布衣相继在日本、新加坡、加拿大、泰国、格鲁吉亚、西班牙、韩国开设了专卖店，并通过参加时装秀和系列推广活动，成为中国女装品牌进入全球市场的领跑者。

在主品牌江南布衣（JNBY）获得成功之后，2005 年，江南布衣开始进入多品牌发展阶段，搭建其多元化品牌矩阵。包括男装品牌 CROQUIS（速写）、定位于新职场女性的女装品牌 LESS、童装 jnby by JNBY、Pomme de terre（蓬马），以及家居线 JNBYHOME 等（表 7-5）。

表 7-5　江南布衣的品牌矩阵（截至 2019 年）

序号	品牌名称	品牌基本情况及特色
1	江南布衣（JNBY）	1994 年创立，是目前国内最具代表性的女装品牌。品牌坚持将"现代、活力、意趣、坦然"并存的设计理念植入产品，专于材质的研发与工艺提升，将设计的情感通过穿着体验还原，向独特别致、细腻敏感、浪漫与优雅并存的都市女性传递文化中的趣味和新奇，感受平凡生活中的惊喜和诗意。品牌具有极高的知名度和辨识度，吸引了国内外具有相同生活理念的簇拥者
2	LESS	2003 年，创立女装品牌 LESS，品牌理念"less is more"，以"简约、精致、独立、理性"为设计宗旨，服务于 30~45 岁独立、理性、热衷于简约生活的新一代职场女性
3	CROQUIS（速写）	2005 年成立的男装设计师品牌 坚持以艺术的 DNA 和"幽默再思考"的品牌价值观，极力为 25~40 岁追求穿衣乐趣的男性开发兼具优雅和玩味风格的服饰系列 品牌始终秉承"优雅、玩味、当代、质感"的美学设计观念，凭借优质的面料和独特的剪裁工艺，创意的穿搭组合，多场合穿用的高兼容度，为消费者提供新的生活视角和愉悦的穿着乐趣
4	jnby by JNBY	2011 年推出的第一个童装品牌 jnby by JNBY。品牌以"自由的想象力"为理念，为 0~10 岁的孩子设计，借助当代艺术的设计手法，以"自由、想象力、快乐、真实"为设计核心，汲取生活意趣，分享艺术与知识，传递美好的价值观念
5	Pomme de terre（蓬马）	2016 年创建的新生代品牌，为 6~14 岁正处在"自我探索期"和"半自治期"的少年而设计。"自在、随性、探索"的品牌理念结合考究的工艺与质感，为当代青少年提供了轻松的着装体验与更深层次的情感共鸣
6	JNBY HOME	品牌口号"live lively"，倡导在积极自由的心境下探索高品质生活的多样性
7	REVERB	2018 年成立，以"Circular Fashion"为品牌哲学，秉持"Athleisure、无性别、再生和灵动"的设计理念。人境相和，沉心雕琢，REVERB 旨在引起关注时尚的当代青年对未来时尚的思考

序号	品牌名称	品牌基本情况及特色
8	A PERSONAL NOTE 73	2019 年联合意大利知名设计师 Andrea Pompilio 推出的年轻线男装品牌，品牌集合多元文化和休闲与文艺特质，以充满玩味的方式捕捉经典，并以现代方式混合再现，设计师善于对品质和细节进行处理，结合严谨的剪裁与创意趣味点缀，以 INFORMAL 的视觉理念赋予现代男装新的定义

资料来源：http://www.jnbygroup.com

可以看出，江南布衣品牌架构根据消费者性别、年龄、生活方式、生活形态的不同而构建。包含 2 个女装品牌、2 个男装品牌、2 个童装品牌、1 个家居品牌及 1 个环保时尚品牌，分别为 JNBY、LESS、速写、A PERSONAL NOTE 73、jnby by JNBY、蓬马、JNBYHOME 以及 REVERB。

这些品牌的主要特点包括：

（1）年龄方面。包含多个年龄段，3~10 岁的儿童品牌 jnby by JNBY，8~14 岁的青少年品牌蓬马，28 岁以上的主品牌 JNBY，高端品牌 LESS 以及男装品牌速写。

（2）风格方面。jnby by JNBY 风格可爱纯真，蓬马风格舒适自然，JNBY 风格文艺浪漫，LESS 风格优雅知性，速写风格新兴都市，JNBYHOME 风格天然简约。品牌风格极具多元化，吸引了不同风格的消费阶层。

（3）品类方面。涉及童装、青少年装、女装、高端职业女装、设计师男装品牌以及家居各个品类，多元化的分类丰富了江南布衣的产品线。

同时，江南布衣借助各个品牌宣扬倡导多种生活方式，打造了立体化生活方式圈。例如，JNBY 女装提倡"现代、活力、意趣、坦然"生活方式；LESS 提倡"less is more"的核心生活理念即简约精致的生活方式；速写诠释不受束缚，勇于尝试，享受穿衣乐趣的生活主张；JNBYHOME 则倡导"live lively"的生活理念。

以上各个品牌面向特定细分客户群，但都秉承统一的设计理念，体现了江南布衣"自然、自我"的统一品牌理念，推崇"自然、健康、完美"的生活方式，甚至在审美风格方面保持统一的调性。正如江南布衣的副总裁倪国昌所言："服装行业不再是传统行业，曾经的纺织行业是基础产业，解决就业和创汇问题，但是现在以品牌经营为主的企业在重新定义整个产业。"江南布衣构建了独具风格的品牌商业运营体系。

2. 设计师品牌集合店

2018 年，江南布衣集团推出了设计师品牌集合店"LASUMINSOLA"，产品线覆盖服装、鞋包、饰品、生活用品等多个品类，并通过多种艺术形式呈现不同风格的产品及设计理念。"LASUMINSOLA"的定位不只是销售国际设计师品牌及其联名产品，还会作为孵化设计师品牌及其联名产品的平台。包括设计师品牌 Reformed by Samuel Drira、Spazzapan、WANDERVOGEL；买手品牌如意大利鞋履品牌 Gray Matters、韩国女装品牌 RECTO、手工帽饰品牌 Béton Ciré 以及江南布衣集团旗下自有环保时尚品牌 REVERB，家居品牌 JNBYHOME 等。

该集合店会利用江南布衣在面料开发、供应链管理、板型制作等方面的资源帮助设计师品牌落地中国市场，扶持和投资独立设计师品牌。可见，江南布衣的品牌集合店是为了配合多品牌策略，以品牌及品类组合多元化的方式横向扩展业务，从而实现设计师品牌及品类的扩展，增加江南布衣在设计师品牌服饰行业的市场份额和影响力。

（三）品牌孵化支撑运营系统

1. 精准的消费者画像

江南布衣品牌矩阵的构建是依托精准的消费者市场细分形成的。集团品牌总监郑敏杰认为，江南布衣的目标受众曾被认为是重视生活品质的现代青年，但随着品牌的发展，现在将其形容为有独立观点的人、不盲从他人的人会更加合适，并且，他们对生活品质的定义也有许多不同细节的展现。在公司内部的手册上，每个品牌都对消费者做了更为细致的刻画，深入心理层面，比如，品牌"速写"被表述为："他并不急于追求富足的生活，也不那么渴望名与利的成功，他提示我们：也许这个世界不需要那么多的妄想，每一个人只需要认真做好自己的事，成功对我来说挺简单的，就是能一直做自己还比较满意的音乐而已。"

同时，每一个品牌都追求做"细分市场的领头羊"，比如蓬马和 jnby by JNBY 都是童装，但前者有意在做"IP 化"的处理，它的灵感围绕一个名叫蓬马的 11 岁男孩，设计的风格是鬼马和俏皮，不像 jnby by JNBY 更多是在女装线上的延续和拓展。为了保证风格差异化，在集团中，这些多品牌都有各自独立的设计团队，只在品牌和一些中后端的资源上共享。

2. 创新型设计师团队

对设计师品牌而言，设计是品牌成功的关键，是设计师品牌的核心精神。江南布衣在坚持原创设计的基础上，组建了面料研发团队，专门负责新面料开发，通过研发使用优质面料，创造高度差异化产品。

同时，为吸引多方面设计人才，江南布衣进行了与品牌理念相辅相成的设计师团队孵化，吸纳设计风格与品牌定位相符的设计师，不断为品牌注入新鲜原创力，确保品牌的高识别度。

图 7-4　江南布衣想象力学实验室活动之一

图片来源：https://www.brandstar.com.cn/articles/415

2008 年，江南布衣成立了想象力学实验室，确定围绕不限领域的创新事物展开工作，扶持目标团队及个人，推动和实践想象力，并为设计师提供交流和发展的平台以培育新一代设计师，助力设计师成长，如图 7-4 所示，将废物回收再创造并进行展出，通过设计师们的想象力和创造力传递品牌态度。

另外，江南布衣还通过受限制股份计划等具有吸引力的薪酬待遇保留设计师人才，由此拥有了国际认可的设计团队，使设计研发创新能力成为江南布衣品牌知名度、美誉度、辨识度及忠诚度的主要承载者。

3. 给力的"粉丝经济"

江南布衣被称为国内设计师品牌中一流的粉丝经济运营者，江南布衣的"粉丝经济"以微信为获客平台（注册会员），在通过多类别的产品满足客户群需求的同时，传递公司服装产品的设计理念。

2015 年，江南布衣推出微信平台作为主要的旗舰在线门户，包括会员中心、微信商城和媒体端，围绕消费者信息获得渠道以及信息获取的变化来作为品牌自媒体平台。目前，江南布衣的 8 个品牌都建立了微信公众号，公众号整体的运营由集团品牌部负责。通过微信公众号、微博等平台的运营，江南布衣和粉丝之间产生了一种新的交流方式。

根据江南衣发布的 2020 上半财年业绩报告显示，报告期内江南布衣会员达到 390 万个，其中近 90% 都是微信账户，仅这些会员贡献的业绩就占了总收入约七成。而所有会员中，2019 年消费总额超过 5000 元的账户数超过 21 万个，这些高消费会员贡献了 25 亿销售额，超线下业绩四成，可以说"粉丝"的多少直接决定了公司的业绩。江南布衣之所以如此"吸粉"，最主要的原因是其品牌影响力，以及独特的产品设计风格，满足了不同细分消费群体的个性化需求，使江南布衣会员粉丝黏性较高。

江南布衣在通过微信账户维护粉丝的同时，还进行线上多平台宣传和销售。线上销售渠道主要通过淘宝、天猫旗舰店以及微信公众号和小程序等。另外，线下采取稳步开设实体店并注重顾客体验的策略，入驻各大商场广场，有品牌江南布衣之处，也同时有子品牌的入驻，主品牌与子品牌相辅相成，资源共享，维持粉丝黏性。

随着会员规模和会员黏性增长，江南布衣一直保持与粉丝积极互动，不仅可以增强其对品牌的忠诚度，进一步将粉丝有效地数据化；还可以让江南布衣做出正确的市场判断，使公司的业绩逐年增长。可以说，忠实的粉丝成了江南布衣最大的"无形资产"。

五、总结

在我国消费升级的背景下，消费者行为转成对生活态度和生活方式的表达，品牌消费和个性化消费的趋势更加明显。在新的市场形势下，我国服装品牌无论是自主商业品牌、快时尚品牌、奢侈品牌还是设计师品牌在产品定位、竞争力培养、物流管理、品牌管理方面都需要进行全面的规划和建设，尤其是本土设计师品牌大都处于起步阶段，在平衡设计和市场的关系以及建立营销模式方面还处于探索阶段，品牌孵化正可以发挥其应有的作用。

以上三个典型案例介绍了服装行业不同类型的品牌孵化模式，具有一定的代表性。但判断品牌孵化是否成功是一个长期和持续的过程，例如，江南布衣的多品牌矩阵是否有稀释品牌的风险、是否能坚持"让多品牌回归统一的价值原点"、韩都衣舍的众多品牌风格如何做到明显差异化，以及圣和圣市场主打的韩潮设计师品牌能吸附的消费人群市场规模有多大等问题都值得在品牌孵化过程中认真思考并积极应对。

（白玉苓）

参考文献

[1] Grimaldi, R, Grandi, A. Business incubators and new venture creation: An assessment of incubating models [J]. Technovation, 2005, 25 (2): 111-121.

[2] 谢艺伟，陈亮. 国外企业孵化器研究述评 [J]. 科学学与科学技术管理, 2010, 31 (10): 125-130.

[3] 丁威旭，李白露. "守、破、离"与企业创新"ba"（场）：以韩都衣舍电商集团品牌创新孵化模式为例 [J]. 清华管理评论, 2019.74 (9): 55-59.

[4] 刘雨晨. 中国本土设计师服装品牌孵化式运营模式研究——以"江南布衣（JNBY）"为例 [J]. 西部皮革, 2019, 41 (8): 34.

[5] 姜黎. 江南布衣品牌国际化策略分析 [D]. 北京：北京服装学院, 2018.

[6] 上海圣和圣服饰市场官网 [EB/OL]. http://www.shsplaza.cn/.

[7] 韩都衣舍官网 [EB/OL]. http://www.handu.com/.

[8] 江南布衣官网 [EB/OL]. http://www.jnby.com/.

第八章
可持续服装设计：面向未来的设计

随着人们对生态、社会等问题的日益重视，可持续服装设计必将成为未来行业的发展趋势。本文在梳理可持续设计的源起与发展的基础上，结合服装设计的特点，提出可持续服装设计策略，主要包括选择可持续面辅料、零浪费设计、一衣多穿设计、循环升级设计、减少服装护理的设计、情感持久设计以及保护本土文化的设计。同时针对目前可持续服装设计存在的问题和困难，提出未来的发展建议，主要包括加强政策引导、推动新技术发展、完善循环升级利用产业链、推进可持续服装教育、扩大宣传引导等方面，以期为可持续服装设计在未来的进一步发展提供参考。

一、可持续服装设计是未来产业发展的必然趋势

经济的高速发展以及科技的快速进步，使人们的生活水平日益提高，但随之而来的是资源和能源的过度消耗以及生态环境的日益恶化。服装产业作为与人类生活息息相关的行业，在丰富人们生活的同时，对能源的消耗以及对环境的影响不容小觑，纺织服装行业现已成为仅次于石油行业的全球第二大污染行业。纺织行业每年造成的温室气体排放量约为 12 亿吨，超过了所有国际航班和海运排放温室气体的总和，未回收废料每年导致的损失约为 5000 亿美元，服装行业每年向全球海洋排放 50 万吨微纤维，相当于 500 亿个塑料瓶。"十二五"期间，我国废旧纺织品累计产生量达 1.4 亿吨，纺织品年消耗量增长速度保持在 12% 以上，但目前回收利用率不足 10%。中国循环经济协会数据显示，我国每年大约有 2600 万吨旧衣服被扔进垃圾桶，此数据将在 2030 年后提升至 5000 万吨。

面对如此严重的资源及环境问题，可持续发展已经在全球达成共识。2015 年 9 月，联合国 193 个成员国一致通过 17 个可持续发展目标，该目标旨在 2015～2030 年以综

合方式彻底解决社会、经济和环境三个维度的发展问题，转向可持续发展道路。我国对可持续发展也高度重视，并率先发布了《中国落实 2030 年可持续发展议程国别方案》，"中国共产党第十九次全国代表大会""十三五"规划等对绿色发展提出要求。工业和信息化部在纺织工业发展规划（2016～2020 年）中也对纺织工业提出明确要求：2020年，纺织单位工业增加值能耗累计下降 18%，单位工业增加值取水下降 23%，主要污染物排放总量下降 10%，突破一批废旧纺织品回收利用关键共性技术，循环利用纺织纤维量占全部纤维加工量比重继续增加。此外，新环保法也对纺织服装行业提出了更高的要求，新环保法规定，纺织企业化学需氧量（COD）直接排放需控制在 80mg/L，这是自 2013 年 COD 直排标准提高到 100 mg/L 后，纺织染整业排污的再一次调整。

　　服装设计作为服装产业链的前期阶段，对面辅料的选择与循环利用、加工工艺以及生产过程的能源消耗、产品的循环和升级利用等都有着非常重要的影响，因此，可持续服装设计对服装产业的可持续发展有着至关重要的意义。如何在服装设计中融入可持续理念，运用可持续设计策略与方法，营造可持续生活方式，从而使服装产业得以可持续发展，是服装设计师、整个服装行业乃至全社会必须关注和思考的问题，可持续设计是未来服装产业发展的必然趋势。

二、可持续设计的源起与发展

（一）可持续设计的源起

　　美国设计理论家 Victor Papanek 对可持续设计思想的产生有着直接的影响，早在1960 年代末，他在著作《为真实世界而设计》（*Design for the real wold*）中就指出："现代设计的最大作用并不是创造商业价值，而是认真考虑有限的地球资源的使用以及如何保护生态环境等问题。"可持续设计 DFS（Design For Sustainability）源于可持续发展的理念，世界自然保护联盟（IUCN）在 1980 年出版的《世界自然资源保护大纲》报告中最早提到了可持续发展，该报告指出："必须研究自然的、社会的、生态的、经济的以及利用自然资源过程中的基本关系，以确保全球的可持续发展。"1987 年，联合国正式通过了世界环境和发展委员会提交的研究报告《我们共同的未来》，该报告正式提出了"可持续发展"理念，将可持续发展定义为："既能满足当代人的需要，又不对后代人满足其需要的能力构成危害的发展"，并确立了三大目标：环境资源保护、经济发展效率和社会公正公平。1992 年，联合国环境与发展大会召开，该大会通过了以可持续发展为核心的《21 世纪议程》，形成了世界范围内践行可持续发展的行动计划。

（二）可持续设计的发展

学术界对"可持续设计"的概念并无定论，它一方面与"绿色设计""生态设计""低碳设计"以及"环境设计"等概念有着密切的联系，另一方面又有着自身的特点。根据清华大学刘新教授的观念，可持续设计理念的演进与发展经历了四个阶段：绿色设计、生态设计、产品服务系统设计和可持续设计。可持续设计的外延不断扩展，从着眼于环保材料与节约能源的绿色设计，到强调过程中干预和产品生命周期的生态设计，再到关注系统创新的产品服务系统设计，如今发展至聚焦提升社会公平的可持续设计阶段。可持续设计的演变与发展如图 8-1 所示。

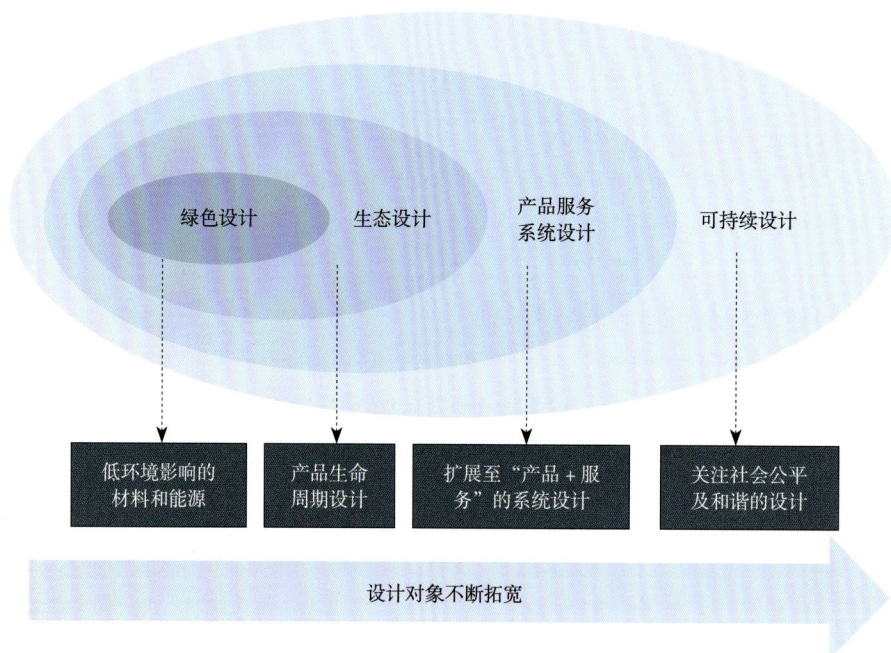

图 8-1　可持续设计的演变与发展

1. 绿色设计阶段

第一阶段为"绿色设计（Green Design）"阶段。"绿色设计"是指将生态环境意识融入设计形成其核心思想理念，在运用设计解决供给问题的同时，又设法减轻或消除由此而可能造成的环境负面影响。其核心是"3R"原则（Reduce，Recycle，Reuse），强调使用低环境影响的材料和能源，减少有害物质的排放，使产品及零部件能够方便地分类回收并再生循环或重新利用。该阶段将环境问题纳入设计思考的基本要素之中，是对设计应发挥的作用和社会角色的深刻反思，极大提升了设计的社会价值。但问题在于，早期"绿色设计"的理念停留在"过程后的干预"，即更多考虑的是问题发生后如何采取补救措施。

2. 生态设计阶段

第二阶段为"生态设计（Eco-disign）"阶段。生态设计引入了"产品生命周期"设计方法，该阶段是从整个产品的生命周期着手考虑如何降低对环境造成的不利影响。生态设计更加全面地思考产品设计的各个阶段、各个方面、各个环节中的环境问题，可称为"过程中的干预"。产品"生命周期评估"（LCA，Life Cycle Assessment）是目前推行"生态设计"的重要手段，它使用系统的方法、量化的指标，来指导和规范设计过程。生态设计是绿色设计的进一步完善和拓展，它趋向于从源头上考虑如何处理环境生态学问题，也就是重新设计产品本身，并从产品的整个生命周期中考虑设计对环境、社会的影响。

3. 产品服务系统设计阶段

第三阶段可称为基于生态效率的"产品服务系统设计"阶段，即超越一般只对"物化产品"的关注，进入"系统设计"的领域，是对"产品和服务"层面的干预。"系统设计"是从设计器具转变到设计"解决方案"，即我们的设计不局限于物质化的产品，还包括非物质化的服务。产品服务系统设计可以大致分为三种类型：一是面向产品的服务，该类服务将保证产品在整个生命周期内的完美运作，并获得附加值，如提供各类产品的维修、更换部件、升级、置换、回收等售后服务；二是面向结果的服务，该类服务将根据用户需要提供最终的结果，如给服装企业的供暖、供电服务等；三是面向使用的服务，该类服务提供给用户一个平台，以高效满足人们的某种需求和愿望，如租衣平台等。在产品服务系统设计阶段，需要考虑的内容不仅是产品本身，而是将之扩展至包含产品和服务的更大的体系，这无疑是服装设计可持续发展中的一大进步。

4. 可持续设计阶段

第四阶段是当今设计研究的最前沿，该阶段关注社会公平与和谐，涉及本土文化的可持续发展、对文化以及物种多样性的尊重、对弱势群体的关注以及提倡可持续的消费模式等。在此，"可持续设计"的系统观念被进一步地深化和完善，并向全球化浪潮冲击下的社会和谐以及大众的精神层面和情感世界拓展。由此可见，可持续设计阶段强调的并不仅是环境保护和资源节约，同时也涵盖了人类发展的可持续、社会发展的可持续、文化发展的可持续以及经济发展的可持续，使人类与环境、经济、社会之间建立起一种平衡和谐的关系状态，是一种关注整体利益的设计理念。

三、可持续服装设计策略

可持续服装设计策略要求从环境、经济、社会等多方面考虑可持续性。可持续服装设计策略一方面从物质层面考虑，主要包括选择可持续面辅料、零浪费设计、一衣多穿设计、循环升级设计、减少服装护理的设计；另一方面则从精神层面考虑，主要包括情感持久设计以及保护本土文化的设计。可持续服装设计策略在服装生命周期中的应用如图8-2所示。

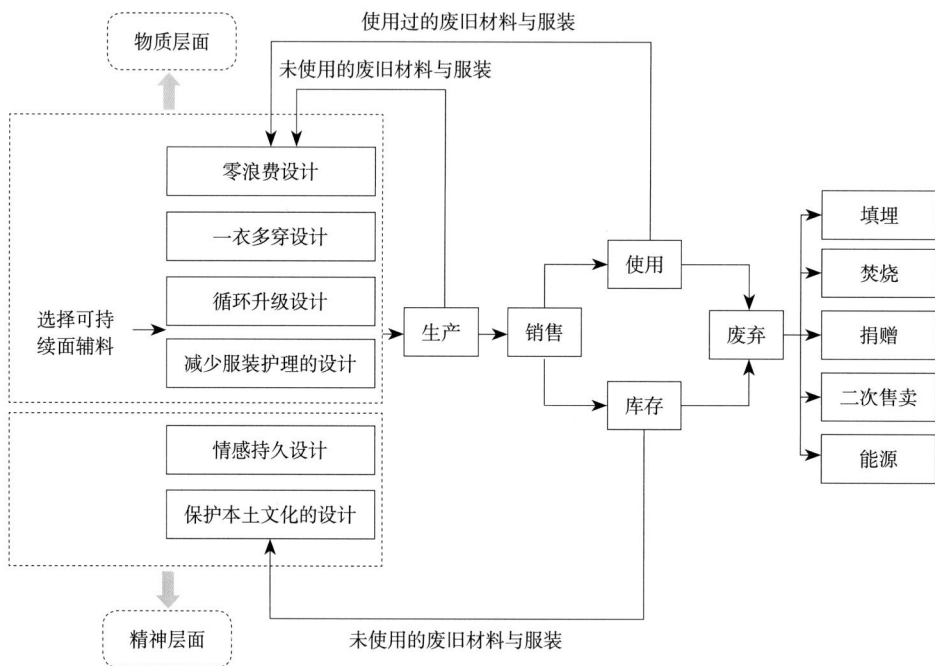

图8-2　可持续服装设计策略在服装生命周期中的应用

（一）选择可持续面辅料

选择可持续原材料是设计师在进行可持续设计时需要考虑的，不同原材料在种植、加工、废弃处理等过程中对资源的使用和对环境的影响有着非常大的差异，设计师在选择面辅料时除了考虑其产品风格、流行性、成本等问题，也要对原材料的可持续性有所考量。可持续面辅料要求面辅料的生产过程、加工过程、穿着过程均要对人体和环境无害，在失去使用价值后能方便地回收并可重新利用，或可在自然条件下降解。目前可持续面辅料主要包括可再生材料、可生物降解材料，以及低能耗、低污染面辅料等。国内的环保品牌或环保系列多从此角度出发秉承其可持续理念，如环保品牌 ICICLE、ZUCZUG 旗下环保品牌 klee klee，江南布衣旗下环保品牌 REVERB 等都很重视可持续原料的选择。

1. 可再生材料

再生面料是以棉花和树木纤维素等为原料，经过再生加工制成的新型面料，相对不可再生面料，再生面料更具有可持续性。现在较为成熟且对环境影响较小的可再生面料是天丝，它在生产和回收的过程中对环境的污染都很小，几乎能做到完全回收。此外，诸多机构和学者也在研究和开发基于可再生聚合物的新型合成纤维。值得注意的是，原材料的可再生性并不能完全确保其可持续性，对于可再生面料加工中所需要的能源和资源、化学品的使用、运输中对能源的使用及环境的影响等都要进行综合考量，才能确定该可再生面料是否为可持续面料。

2. 可生物降解材料

生物降解是指纤维或服装在一定程度上被微生物、光、空气或水分解成更简单的物质这一过程，这个过程必须是无毒的，并且在相对较短的时间内发生。可生物降解材料包括植物和动物纤维，它们被降解成简单颗粒相对容易，可问题在于服装往往不是由纯植物或动物纤维构成的，它们可能是混纺面料。此外，线、纽扣、拉链等辅料无法降解或降解所需的条件与面料不同，这对整个产品的可降解性都有较大的影响，因此需要设计师在考虑面料可生物降解的同时，也不能忽视辅料的可降解性。另外一类可生物降解面料为新型聚酯纤维，但是这类面料的降解也需要具备一定的条件，它们只能在工业堆肥设施提供的最佳条件下分解。

3. 低能耗、低污染面辅料

选择在种植、加工过程中对资源和能源消耗少、对环境低污染的原料。对于某些纤维，尤其是棉花，在种植过程中大量使用农药，对土壤、水、空气等有很大的污染，而通过生物 IPM（有害生物综合治理）系统、转基因技术等生产的有机棉、清洁棉、转基因棉，则在种植中最大限度地控制了化学品的使用，相较普通棉花而言降低了能源的消耗以及对环境的不良影响。即便如此，这类材料目前仍有许多问题未得到解决，主要包括长期减少化学品使用的有效性、相邻农场害虫迅速增长、达到与普通棉的产量需要占用更多的土地资源等问题。设计师对辅料加工所带来的环境问题也要有所了解，如纽扣和拉链等辅料的电镀工艺都会给环境带来一定的影响。因此，天然染色、低化学品染色、替代电镀的方法和产品，都是可持续设计值得考虑的。

（二）零浪费设计

零浪费设计是指通过特殊的打板、设计或其他手段，最大限度地利用面料，由此降低废物率的设计。零浪费设计不同于传统的思路与工序，即先完成款式设计再进行排板，而是要求设计师在设计之初就要考虑怎样进行设计能够使材料利用最大化，这对设计师提出了更高的要求，要求设计师在设计中融入零浪费的思想，寻求服装最佳穿着效果和面料有效利用之间的平衡。这种设计方式主要通过"一片布"设计、拼图式裁剪和镶嵌法排板技术、DPOL技术、3D打印等技术来实现。

1."一片布"设计

所谓"一片布"设计，就是对一整片布施以拉伸、扭转、缠绕、打结等处理，或者经规整的划分后再进行相应部位处理并缝制，制作出"一片布"式服装。北京服装学院民族服饰博物馆贺阳教授所带领的团队，从苗族服饰中吸取灵感，设计了"一方布"系列服饰，极大限度地节约了布料，如图8-3所示。

图8-3 "一方布"系列服饰
图片来源：https://www.sohu.com/a/230621487_526692

2. 拼图式裁剪和镶嵌法

拼图式裁剪是将设计、打板和排料过程一体化，再经过精确地计算和构思把所需面料像拼图一样完整利用，这种方法如七巧板拼图一样，可以通过巧妙的构思和排列使服装兼具人体结构和面料的零浪费。镶嵌法是将面料进行分割，形成不同的重复或者关联的紧密结合单位图形，并在裁剪之后进行拼接重组，这种方法旨在尽可能减少面料边缘不可用的面料碎片，与拼图式裁剪相比较，虽然不一定能够使面料的利用率达到

100%，但可以制造出拼图式裁剪难以完成的由特殊裁片所拼接而成的美观的服装。

3. DPOL（Direct Panel on Loom）技术

由印度设计师悉达多·乌帕德亚雅（Siddhartha Upadhyaya）发明的新技术DPOL 大幅颠覆了传统的生产流程，该技术通过将织布机与电脑相连，直接生成可用于缝制的裁片，同时织物表面的纹理和图案也直接织成，该技术节省了纱线、水、染料、化学品等，不仅如此，DPOL 技术能够适应小批量生产的订单。

4. 3D 打印技术

该项技术采用量增法而非传统的量减法，省去了传统工艺的多道工序，节省了原料，基本上没有废弃物产生，也可实现零浪费。但目前 3D 技术在服装上的应用受材料、成本、大规模生产等的局限，还未得到广泛推广，目前已有 3D 打印服装亮相时装周，同时也有少量 3D 打印的服饰面向市场，如先锋设计与研究咨询公司"自由创造（Freedom of Creation）"3D 打印公司，其打印的链式包和女装已面向市场线上销售。未来随着 3D 打印技术的快速发展，纺织新材料的不断研发，配合 3D 人体测量、CAD等技术，将对可持续服装设计带来革命性的影响。

（三）一衣多穿设计

一衣多穿设计是从延长服装生命周期的角度考虑的可持续服装设计，是指通过折叠、扭曲、系别，或通过拉链、纽扣、魔术扣、系带的不同连接方式，或其他技术手段，使服装具备不同的穿着方式。一衣多穿设计主要包括多种款式的一衣多穿设计、多种品类的一衣多穿设计以及多种功能的一衣多穿设计，这几种设计方法并非毫无关联，他们之间通常融会贯通，服装品类的改变可能也改变了服装的功能。

1. 多种款式

通过不同的方式改变服装的款式，从而实现多种款式的一衣多穿。品牌 DKNY 的Cozy 系列通过缠绕、打结、系别、包裹、叠搭等手法，变化出 10 多种不同款式的一衣多穿型服装。原创服装品牌 Syns 欣衣式的特点则是每件衣服都可以拆解并且重组，穿着者一衣多穿的同时又能体验实现不同穿搭的乐趣。

2. 多种品类

通过拉链、纽扣、魔术扣等连接部位的拆卸以及重新组合，可改变服装的品类，这种方式可以适应不同季节、不同穿着场合的需要。对于品类的变化可以是不同服装品类的改变，也可以是服装与围巾、包等品类之间的改变。图 8-4 为 Adidas 与 Tom Dixon 的合作款，通过腰线的分割，使其拥有风衣、短款茄克、短裙、裤子等多种品类的可能性。

图 8-4　Adidas × Tom Dixon 一衣多穿产品

图片来源：https://www.dezeen.com/
2013/04/12/adidas-by-tom-dixon/

3. 多种功能

通过改变服装的不同功能使其实现一衣多穿，这种方式可以通过服装品类的改变来实现，也可以通过改变服用性能等方式来实现。如可逆式 Cambia T 恤，该 T 恤使用了双面材料，穿着者可以根据环境因素以及个人需要正反穿戴，其中光滑的一面接触皮肤时能保持身体表面的水分，有助于在炎热环境中保持凉爽，当具有蜂巢结构的另一面接触皮肤时，则使身体保持干燥和温暖。

（四）循环升级设计

在"从摇篮到坟墓"的服装生命周期中，弃置阶段的服装往往会被填埋或者焚烧，不仅消耗能源和资源，而且会造成土壤和空气的污染。而在"从摇篮到摇篮"的循环发展模式中，废物即宝物，对废弃服装进行重新利用从而赋予其价值与生命，通过完成闭环式设计实现真正的可持续目标。因此，不论是从经济还是生态环境的角度出发，服装的循环升级设计都具有极大的现实意义。值得注意的是，循环升级设计并不完全是被动的状态，设计师在设计之初就应该充分考虑怎样的设计更加便于产品的回收利用，如减少零部件的种类、更易拆卸的各部件连接设计、简单的结构等方式，使产品易于回收和再利用，从而最大限度地节约能源资源和保护环境。

1. 非服装类废旧材料的循环升级利用

将生活废旧材料以及其他工业材料用一定技术手段重新制造成纤维，用于服装设计。该方式重新赋予非服装类废旧材料新的生命，但同时也需考虑在其循环利用的过程中产生的能源与资源消耗，以及对环境造成的可能影响。目前已有服装品牌利用非服装类废旧材料进行循环升级设计，如李维斯在 2013 年首次推出 Levi's® Waste<Less™ 项目，用回收的 79 万个塑料瓶加工了卡车司机茄克和紧身牛仔裤，截至 2014 年底，李维斯已用 108 万个回收瓶加工出 1 万件服装。

2. 服装类废旧材料及产品的循环升级利用

该类循环升级设计方式之一是利用化学的方式将面辅料进行分解后再利用，此类方式本质属于降级利用，在转换过程中也会消耗较多的资源和能源，对环境也有一定的影响，因此在利用过程中要考虑如何减少对资源能源的利用以及环境的影响。李宁与帝人于 2009 年合作推出了旧衣回收计划，帝人将回收的旧衣进行化学分解，使其转换成聚酯原料，然后将聚酯原料变成高品质的再生聚酯纤维，这些纤维可用于生产新的服装产品。

第二种方式则是通过物理方式对服装材料或产品进行循环升级利用，该方式对环境的污染较小，但对设计师的能力以及相关配套产业链都提出了更高的要求，同时如何应用此方式进行大规模的升级利用也是一个问题。国内女装品牌 FAKE NATOO 的创始人张娜创立的再造衣银行（Reclothing Bank），运用现有的废旧服装，通过设计师的创意进行重新拆卸重组设计，从而赋予废旧服装新的生命；闲衣库发起人崔涛则是对库存服装进行升级再造，减少库存服装对环境的影响，从而实现可持续设计。

（五）减少服装护理的设计

这类设计方式的目的是减少穿着者使用服装过程中的洗涤、熨烫等次数，从而节约资源和能源，减少使用过程对环境的污染，进而实现可持续设计。有的服装设计故意将污渍作为设计点，在半随机的飞溅模式下预先染色，每一次意外的喷色，都赋予产品新的视觉效果；还有的设计旨在减少熨烫或无须使用熨烫，如无印良品的褶皱 T 恤就完全避免了产品的熨烫，在平面布上印上逼真的折痕视觉效果的图案。这些都是从减少服装护理次数，从而节约资源与能源，减少对环境的污染出发而进行的可持续设计。

（六）情感持久设计

情感是人对客观事物满足自己需求时所产生的态度体验，可持续性服装的情感化设计直接关系着服装使用寿命，情感持久设计是基于对个人消费者需求和价值观的深入理解之上的设计，其目的是设计长期对用户有意义的产品，从而延长服装的生命周期。设计师需要考虑如何建立消费者与产品之间的联系，使消费者对产品形成情感依恋。一些服装通过其传达的设计理念与穿戴者建立情感联系，或是建立穿戴者与制作者之间的情感联系，例如，马可一直是可持续设计的践行者，她所创立的"無用"通过传统手工艺的复兴，倡导慢时尚的生活方式，建立穿戴者与产品、穿戴者与制造者之间的情感联系；还有一些设计通过穿着过程中产品所发生的改变进而建立产品和穿着者之间的联系，如牛仔布的"褪色花纹"就是将穿着者日益磨损的痕迹作为装饰，从而建立产品和穿着者之间的情感联系，进而延长服装的使用寿命；还有一些则是通过增强交互性，使产品和穿着者产生情感纽带，如让穿着者参与部分设计，这种带有交互性质的体验比一件成衣更对人有情感上的影响，更容易使穿着者与产品产生情感的共鸣。

（七）保护本土文化的设计

可持续设计除了包含环境与资源的可持续，还包括社会的可持续。社会可持续性可理解为"减少社会及其文化系统的脆弱性，保持其自我恢复能力并维持其抗冲击能力"，其中在全球范围内对文化资本和文化多样性的保护非常重要。一方面通过设计师的作品传达和体现本土文化，同时延伸到原材料的就地取材、当地工艺的使用、当地加工的可能性等，在保护本土文化的同时，通过减少原材料获取、生产加工、销售等环节的流通性来实现可持续设计；另一方面通过手工技艺的传承来保护地方文化，"爱慕工坊"就是为了探寻工艺魅力、传承文化精粹而成立的；此外，搭建保护和传播本土文化的平台或空间也是保护本土文化服务系统设计的一种方式，马可的無用空间就很好地保护、传承、传播了本土文化。

四、可持续服装设计面临的问题与困难

随着可持续理论的不断完善以及人们对可持续设计更加深入的思考，目前探寻出一些可持续服装设计的思路与策略，但要达到最终理想的状态还面临很多的问题和困难，这不仅是对设计师的考验，更是对可持续时尚整个产业链的考验，同时，消费者可持续思想的接纳度以及可持续生活方式都将对可持续服装设计产生不可忽视的影响。

（一）开发新型可持续材料投入大，结果无法预期

对于新型可持续面料的开发，需要人力、财力、时间、技术等方面的大力投入，新型可持续材料除了保证其低耗能以及小污染，还需要考虑未来新型材料大规模生产的可行性、成本、视觉效果、触感、染色牢度、服用性能等。然而，最终的结果无法预期，所开发的新型可持续材料能否符合设计师的要求，能否被消费者所接受，都具有不可确定性。

（二）可持续服装设计对设计师提出了更高的要求，对设计创意有一定限制

可持续服装设计不仅是一种设计手段，更是站在服装产业链的高度对可持续理念有深刻的理解和认识，同时将可持续理念运用于服装设计。可持续服装设计要求设计师在设计之初就要思考产品对环境、经济和社会带来的影响，这对服装设计师提出了更高的要求。同时，可持续服装设计的一些策略对设计师的创意有一定的限制性，如"一片布"设计、拼图式裁剪和镶嵌法、循环升级利用等，设计师需要在可持续服装设计策略和希望达到的产品效果中寻找平衡，将可持续理念潜移默化地融入自己的产品设计中。

（三）可持续服装设计新技术不够成熟，大规模生产有一定困难

新技术对于可持续服装设计有着非常重要的影响，未来这些技术可能会对可持续服装设计带来革命性的改变，但目前很多新技术还在尝试阶段，如 3D 技术、DPOL 技术等。还有很多需要面对和考虑的问题，例如，如何提高所加工产品的服用性能、如何使这些技术更易掌握、如何降低产品的成本、如何适应大规模生产等。

（四）可持续服装设计的相关产业链配套不完备

服装设计要实现真正意义的可持续，并不是服装设计一个环节能够解决的，需要整个产业链做出相应的调整和变革，尤其是废旧服装的循环升级，对相关产业链配套提出了很高的要求。目前服装的循环升级利用率非常低，相关产业链的配套不完备是一个很重要的原因。服装的循环升级利用面临很多问题，如服装产品回收机制的建立、生产模式如何与之配套、相关技术如何与之配套、如何降低循环升级利用的成本、如何提高相关产品的利润等都是可持续服装设计所要面临的挑战。

（五）社会对可持续服装设计的认知度和接受度不够

社会对于倡导环境保护、倡导社会公平以及经济可持续的服装设计理念认识不够。不少人认为只要是选择环保面料甚至只要面料是天然纤维的都是可持续服装，对可持续服装的理解存在一定的误区；同时，目前对于可持续服装的认证更多集中在原材料、加工过程中，而对于某服装是否达到了真正意义上的可持续缺乏专业认证，从而给消费者准确判断产品的可持续性带来困难；此外，对于废旧服装循环升级利用后再生设计的服装，消费者对其安全、卫生等问题有一定担忧，一定程度上也对此类产品的接受度有影响。

五、可持续服装设计发展建议

可持续服装设计的发展，仅依靠设计师或个别企业的努力是远远不够的，需要全社会对可持续服装设计的意义有深刻的理解，真正认同这样的理念并为之做出改变。可持续服装设计离不开相关政策的引导与支持、技术的进步与发展、配套产业链的变革与完善以及可持续服装设计的教育与研究，可持续服装设计是未来服装产业的发展方向，相信在全社会的共同努力下未来能够实现真正意义的可持续服装设计。

（一）加强政策引导，为可持续服装设计提供政策保障

从环境、经济、社会多角度进行全面考虑，同时要考虑完善可持续服装设计相关产业链现有的政策引导与支持，建立基于可持续服装设计理论的政策体系，积极探索政策的引导、激励和限制作用的有效发挥路径，对推动可持续服装设计的快速发展有非常重要的意义。

（二）推动新技术发展，为可持续服装设计提供技术支持

新技术对可持续服装设计发展有非常大的推动作用，目前可持续服装设计还有很多方面需要得到新技术的支持，如研发新型可持续材料和更节能高效的生产方式，快速检测、分类、拆解废旧服装的手段，如何大规模进行废旧服装的循环升级利用等，各个环节都需要相关新技术提供支持，新技术的出现会给可持续服装设计带来革命性的影响。

（三）完善循环升级利用产业链，推动大规模的循环升级利用

废旧服装的循环升级利用需要完整的产业链作为支撑，需要根据废旧服装循环升级利用的特点完善相关配套体系，如二手服装回收体系、循环升级加工体系、再生设计产品的营销渠道等，需要构建从原料、生产、营销、消费到回收再利用的循环升级体系，只有具备完善成熟的循环升级产业链，才能实现大规模的循环升级利用。

（四）推进可持续服装设计教育，为可持续服装设计输出人才

伦敦时装学院、帕森斯设计学院、ESMOD 国际服装设计学院均开设了可持续服装设计相关课程，中国清华大学美术学院也成立了可持续设计研究所并开设相关课程。但目前我国对于可持续服装设计的教育体系还不够完善，需要在更多的服装设计教育中引入可持续服装设计理念和方法，增强服装设计师的可持续设计意识，为可持续服装设计的发展提供人才储备。

（五）扩大宣传引导，提高人们对可持续服装的理解与认可

目前已有部分企业对可持续时尚进行了一些宣传活动，如李宁通过快闪店打造了"从零到衣"环保体验活动，再造衣银行也通过演讲、采访、视频拍摄等形式向人们传递了可持续时尚的概念。但要可持续服装设计得到更多人的了解与支持，还需要相关部门、企业、媒体扩大可持续服装设计理念的宣传与引导，进而引导消费者转变消费及使用习惯，逐渐形成良好的可持续消费习惯与模式，推动服装设计可持续的发展。

（江影）

参考文献

［1］凯特·弗莱彻，林达·格罗斯. 可持续性时装设计［M］. 陶辉，译. 上海：东华大学
出版社，2019.

［2］刘新. 可持续设计的观念、发展与实践［J］. 创意与设计，2010，（2）：36-39.

［3］李松周. 基于"升级利用"废旧服装再设计发展现状及趋势研究［D］. 上海：东华大
学，2016.

［4］黄智威. 可持续时装设计发展现状与展望［J］. 丝绸，2019，56（10）：50-55.

［5］王小雷，王洋. 服装设计中的可持续设计策略研究［J］. 纺织导报，2018，（8）：80-
83.

第三篇
调研报告篇

第九章
中国自由贸易试验区发展现状调研报告

    自贸区在国际贸易的范畴内是自由贸易区（FTA，Free Trade Area）的简称，主要是指在两个或两个以上的国家或行政上独立的地区经济体之间通过达成自由贸易协议，相互取消进口关税和非关税壁垒，但对非成员国保留独立的贸易保护措施而形成的一种经济一体化组织。本文中的自贸区主要是指FTZ（Free Trade Zones），历史上对FTZ的翻译很多，例如，对外贸易区、自由贸易园区、工业自由区、经济特区等，但是它们都有着共同的特征和属性，主要是指在主权国家内划定一个明确的区域，此区域属于关境之外，独立于国家海关监管，并且配以一系列的财政、金融以及贸易的政策，旨在吸引外国投资、增加外汇收入、促进就业以及形成示范作用。本文中的自贸区主要是指我国目前设立的自由贸易试验区。

    中国自由贸易试验区从2013年设立之初至今已经过去近7年，在这7年里，自由贸易试验区的建设取得了成就，总结了经验，也产生了一些问题。本报告旨在分析我国自由贸易试验区发展现状的基础上，从贸易便利化、法制环境建设来总结我国自由贸易试验区建设取得的经验以及实践中存在的问题。最后分析了中国（河北）自由贸易试验区建设为雄安新区带来的历史新机遇。

一、我国自由贸易试验区发展现状概述

（一）分阶段分区域全面推进自由贸易试验区建设

    从2013年9月上海自由贸易试验区挂牌开始，我国至今已经分5批次设立了18个自由贸易试验区。如图9-1所示，2013年9月，上海作为自由贸易试验区试点正式

挂牌成立，在保税区试点运行2年后的2015年，上海自由贸易试验区又扩大了3个片区。同时，2015年4月，第二批自由贸易试验区（广东、天津、福建）获得批复。2017年3月，国务院一次性批复辽宁、浙江、河南、湖北、重庆、四川、陕西共7个自由贸易试验区，自由贸易试验区建设迅速扩容。2018年10月，海南岛全岛范围确定为自由贸易试验区，进一步提高了我国的国际开放度。2019年8月，作为进一步扩大对外开放的举措，国务院批复山东、江苏、广西、河北、云南、黑龙江共6个自由贸易试验区，自由贸易试验区的建设由沿海省份向内陆省份推进。

图9-1 我国自由贸易试验区推进过程
资料来源：笔者整理

如表9-1所示，目前我国共设立18个自由贸易试验区，包含55个片区，实施面积为35958.97平方公里（含海南岛全岛33900平方公里）。除上海自由贸易试验区为5个片区、河北自由贸易试验区为4个片区、海南岛为全岛外，其他15个自由贸易试验区均设立3个片区，平均面积约为120平方公里，服务范围辐射全省。

表9-1 我国设立自由贸易试验区基本情况

序号	名称	片区	批复年份	实施面积（平方公里）
1	上海自由贸易试验区	保税区片区（上海外高桥保税区、上海外高桥保税物流园区、洋山保税港区、上海浦东机场综合保税区）	2013	28.78
		陆家嘴金融片区	2015	34.26
		金桥开发片区		20.48
		张江高科技片区		37.20
		浦东世博片区		25.00

序号	名称	片区	批复年份	实施面积（平方公里）
2	广东自由贸易试验区	广州南沙新区片区	2015	60.00
		深圳前海蛇口片区		28.20
		珠海横琴新区片区		28.00
3	天津自由贸易试验区	天津港片区	2015	30.00
		天津机场片区		43.10
		滨海新区中心商务片区		46.80
4	福建自由贸易试验区	平潭片区	2015	43.00
		厦门片区		43.78
		福州片区		31.26
5	辽宁自由贸易试验区	大连片区	2017	59.96
		沈阳片区		29.97
		营口片区		29.96
6	浙江自由贸易试验区	舟山离岛片区	2017	78.98
		舟山岛北部片区		15.62
		舟山岛南部片区		25.35
7	河南自由贸易试验区	郑州片区	2017	73.17
		开封片区		19.94
		洛阳片区		26.66
8	湖北自由贸易试验区	武汉片区	2017	70.00
		襄阳片区		21.99
		宜昌片区		27.97
9	重庆自由贸易试验区	两江片区	2017	66.29
		西永片区		22.81
		果园港片区		30.88
10	四川自由贸易试验区	成都天府新区片区	2017	90.32
		成都青白江铁路港片区		9.68
		川南临港片区		19.99

序号	名称	片区	批复年份	实施面积（平方公里）
11	陕西自由贸易试验区	中心片区	2017	87.76
		西安国际港务区片区		26.43
		杨凌示范区片区		5.76
12	海南自由贸易试验区	海南岛全岛	2018	33900.00
13	山东自由贸易试验区	济南片区	2019	37.99
		青岛片区		52.00
		烟台片区		29.99
14	江苏自由贸易试验区	南京片区	2019	39.55
		苏州片区		60.15
		连云港片区		20.27
15	广西自由贸易试验区	南宁片区	2019	46.80
		钦州港片区		58.19
		崇左片区		15.00
16	黑龙江自由贸易试验区	哈尔滨片区	2019	79.86
		黑河片区		20.00
		绥芬河片区		19.99
17	河北自由贸易试验区	雄安片区	2019	33.23
		正定片区		33.29
		曹妃甸片区		33.48
		大兴机场片区		19.97
18	云南自由贸易试验区	昆明片区	2019	76.00
		红河片区		14.12
		德宏片区		29.74

资料来源：笔者整理

我国自由贸易试验区设立的地理分布呈现由沿海向内陆、由东向西、覆盖东西南北中全部区域的特点。从开放的省份来看，我国自由贸易试验区的设立呈现以原先较开放城市或省份为试点后向全国其他区域扩容的特点。我国自由贸易试验区多数以港口或边境口岸为依托，且多数涉及省内已有保税区。由于各自由贸易试验区所处地理位置不同，其战略定位也存在很大的差异，但是基本都是立足各自的地区优势，服务于所在区域的经济发展，特色鲜明。

　　第一批次的上海自由贸易试验区其主要定位为自由贸易试验区的先行试点，探索自由贸易试验区的建设并向全国推广。

　　第二批次的广东自由贸易试验区定位于粤港澳深度合作示范区，天津自由贸易试验区则成为京津冀协同发展高水平对外开放平台，而福建自由贸易试验区则立足两岸充分发挥对台优势推进与中国台湾地区投资贸易自由化。

　　第三批次辽宁自由贸易试验区的定位是建设成为提升东北老工业基地发展整体竞争力和对外开放水平的新引擎；浙江自由贸易试验区的定位是建设成为东部地区重要海上开放门户示范区；河南自由贸易试验区的定位是建设成为服务于"一带一路"建设的交通枢纽及内陆开放型经济示范区；湖北自由贸易试验区的定位是建设成为承接产业转移示范区及内陆对外开放新高地；重庆自由贸易试验区的定位是建设成为"一带一路"和长江经济带互联互通的重要枢纽及西部大开发战略重要支点；四川自由贸易试验区的定位是建设成为西部门户城市开发开放引领区；陕西自由贸易试验区的定位是建设成为"一带一路"经济合作和人文交流的重要支点。

　　第四批次的海南自由贸易试验区范围涵盖海南岛全岛，将着力打造成我国面向太平洋和印度洋的重要对外开放门户。2019年批复的第五批次的山东自由贸易试验区则以发展海洋经济为核心、建设海洋强国为目标；江苏自由贸易试验区定位为开放型经济发展先行区及产业转型升级示范区；广西自由贸易试验区将发挥与东盟国家陆海相邻的优势，重点建设西南中南西北出海口面向东盟的国际陆海贸易新通道；黑龙江自由贸易试验区将打造成对俄罗斯及东北亚区域合作的中心枢纽；河北自由贸易试验区定位于落实京津冀协同发展战略和建设雄安新区的要求，着力建设国际商贸物流重要枢纽和新型工业化基地；云南自由贸易试验区将着力打造成连接南亚及东南亚大通道的重要节点。

（二）形成以现代物流业及金融业为主的产业布局

　　根据国务院发布的自由贸易试验区总体方案可以看出，现阶段，自由贸易试验区的产业布局呈现出产业较为集中、具有一定的地域特色的特点。表9-2显示了我国18个自由贸易试验区各片区的主要规划产业，根据表9-2的数据将主要关键词的频次进行统计得到图9-2的数据。根据图9-2的数据可以看出，我国自由贸易试验区在产业发展上以现代物流业、金融业、现代服务业为重点发展产业，国际贸易以及现代商贸业的频次也较高，这些生产性服务业作为重点发展的产业也体现了自由贸易试验区的贸易属性，促进了自由贸易试验区的贸易便利化。同时，自由贸易试验区也着力布局了高端装备制造、生物医药、新一代信息技术等战略性新兴产业。

如表9-2所示，各自由贸易试验区立足当地原有优势、结合自身的战略定位，确定了具有一定地域特色的产业布局。例如，福建自由贸易试验区凸显了其对台优势，重点发展与台湾地区贸易相关的生产性服务业。河南自由贸易试验区突出了文化创意产业的布局。浙江自由贸易试验区则突出了绿色石化的概念，重点发展油品等大中商品贸易及相关配套服务产业。

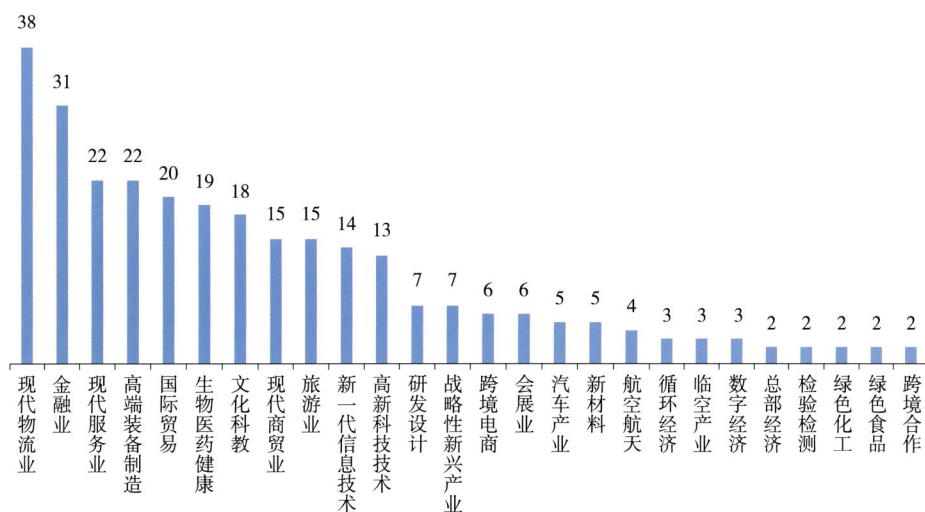

图9-2 自由贸易试验区重点产业出现频次（单位：次）

资料来源：笔者整理

表9-2 我国自由贸易试验区产业布局

序号	名称	片区	主要规划产业布局
1	上海自由贸易试验区	保税区片区（上海外高桥保税区、上海外高桥保税物流园区、洋山保税港区、上海浦东机场综合保税区）	跨境电商、国际物流、贸易平台、保税区展示交易
		陆家嘴金融片区	金融、现代商贸、会展、旅游、航运服务

序号	名称	片区	主要规划产业布局
1	上海自由贸易试验区	金桥开发片区	现代汽车、智能制造、移动通信、金融科技
		张江高科技片区	新一代信息技术、高端装备制造、生物医药、节能环保、新材料
		浦东世博片区	总部商务、新兴金融、文化会展、旅游休闲、生态宜居
2	广东自由贸易试验区	广州南沙新区片区	航运物流、特色金融、国际商贸、高端制造
		深圳前海蛇口片区	金融、现代物流、信息服务、科技服务
		珠海横琴新区片区	旅游休闲健康、商务金融服务、文化科教、高新技术
3	天津自由贸易试验区	天津港片区	航运物流、国际贸易、融资租赁
		天津机场片区	航空航天、装备制造、新一代信息技术、研发设计、航空物流
		滨海新区中心商务片区	金融
4	福建自由贸易试验区	平潭片区	两岸共同家园、国际旅游岛
		厦门片区	航运物流、口岸进出口、保税物流、加工增值、服务外包、大宗商品交易、高新技术研发、信息消费、临空产业、国际贸易服务、金融服务、专业服务、邮轮经济
		福州片区	物联网、跨境电商、国际仓储物流、高新技术、金融服务、国际会展、旅游文创、教育医疗
5	辽宁自由贸易试验区	大连片区	港航物流、金融商贸、先进装备制造、高新技术、循环经济、航运服务
		沈阳片区	装备制造、汽车及零部件、航空装备、金融、科技、物流
		营口片区	商贸物流、跨境电商、金融、新一代信息技术、高端装备制造

序号	名称	片区	主要规划产业布局
6	浙江自由贸易试验区	舟山离岛片区	绿色石化基地、油品等大宗商品储存、中转、贸易产业、保税燃料油供应服务
		舟山岛北部片区	油品等大宗商品贸易、保税燃料油供应、石油石化产业配套装备保税物流、仓储、制造
		舟山岛南部片区	大宗商品交易、航空制造、零部件物流、研发设计、水产品贸易、海洋旅游、海水利用、现代商贸、金融服务、航运、信息咨询、高新技术
7	河南自由贸易试验区	郑州片区	智能终端、高端装备、汽车制造、生物医药、现代物流、国际商贸、跨境电商、现代金融服务、服务外包、创意设计、商务会展、动漫游戏
		开封片区	服务外包、医疗旅游、创意设计、文化传媒、文化金融、艺术品交易、现代物流
		洛阳片区	装备制造、机器人、新材料、研发设计、电子商务、服务外包、国际文化旅游、文化创意、文化贸易、文化展示
8	湖北自由贸易试验区	武汉片区	新一代信息技术、生命健康、智能制造、国际商贸、金融服务、现代物流、检验检测、研发设计、信息服务、专业服务
		襄阳片区	高端装备制造、新能源汽车、大数据、云计算、商贸物流、检验检测
		宜昌片区	先进制造、生物医药、电子信息、新材料、研发设计、总部经济、电子商务
9	重庆自由贸易试验区	两江片区	高端装备、电子核心部件、云计算、生物医药、总部贸易、服务贸易、电子商务、展示交易、仓储分拨、专业服务、融资租赁、研发设计
		西永片区	电子信息、智能装备、保税物流中转分拨
		果园港片区	国际中转、集拼分拨

序号	名称	片区	主要规划产业布局
10	四川自由贸易试验区	成都天府新区片区	现代服务业、高端制造业、高新技术、临空经济、口岸服务
		成都青白江铁路港片区	国际商品集散转运、分拨展示、保税物流仓储、国际货代、整车进口、特色金融、信息服务、科技服务、会展服务
		川南临港片区	航运物流、港口贸易、教育医疗、装备制造、现代医药、食品饮料
11	陕西自由贸易试验区	中心片区	战略性新兴产业、高新技术产业、高端制造、航空物流、贸易金融
		西安国际港务区片区	国际贸易、现代物流、金融服务、旅游会展、电子商务
		杨凌示范区片区	农业科技创新、示范推广
12	海南自由贸易试验区	海南岛全岛	旅游业、现代服务业、高新技术产业
13	山东自由贸易试验区	济南片区	人工智能、产业金融、医疗康养、文化产业、信息技术
		青岛片区	现代海洋、国际贸易、航运物流、现代金融、先进制造
		烟台片区	高端装备制造、新材料、新一代信息技术、节能环保、生物医药、生产性服务业
14	江苏自由贸易试验区	南京片区	自主创新先导区、现代产业示范区、对开放合作重要平台
		苏州片区	高科技产业园区
		连云港片区	国际交通枢纽
15	广西自由贸易试验区	南宁片区	现代金融、智慧物流、数字经济、文化传媒、新兴制造产业
		钦州港片区	港航物流、国际贸易、绿色化工、新能源汽车关键零部件、电子信息、生物医药
		崇左片区	跨境贸易、跨境物流、跨境金融、跨境旅游、跨境劳务合作

序号	名称	片区	主要规划产业布局
16	黑龙江自由贸易试验区	哈尔滨片区	新一代信息技术、新材料、高端装备、生物医药、科技、金融、文化旅游、寒地冰雪经济
		黑河片区	跨境能源资源综合加工利用、绿色食品、商贸物流、旅游、健康、延边金融
		绥芬河片区	木材、粮食、清洁能源、商贸金融、现代物流
17	河北自由贸易试验区	雄安片区	新一代信息技术、现代生命科学、生物技术、高端现代服务业、高端高新产业、数字商务、金融
		正定片区	临空产业、生物医药、国际物流、高端装备制造
		曹妃甸片区	国际大宗商品贸易、港航服务、能源储配、高端装备制造
		大兴机场片区	航空物流、航空科技、融资租赁
18	云南自由贸易试验区	昆明片区	高端制造、航空物流、数字经济、总部经济
		红河片区	加工及贸易、大健康服务、跨境旅游、跨境电商
		德宏片区	跨境电商、跨境产能合作、跨境金融

资料来源：笔者整理

（三）自由贸易试验区推动当地经济发展

自由贸易试验区依托其在贸易自由化的实践探索、金融制度的创新改革、外商投资环境的改善以及治理体系和法治体系的构建成为我国新时代改革开放的新高地和对外开放探索的"试验田"。根据赛迪顾问股份有限公司的报告《2020年中国自由贸易试验区发展白皮书》，自由贸易试验区对经济发展的贡献度高，其数据呈现三个特点：第一，能够短期内有效带动所在城市的生产总值，但是持续时间较短；第二，可以有效提高开放程度，对所在城市的进出口总额贡献明显；第三，能够有效提升所在城市的财政收入。

上海自由贸易试验区作为第一个试点，成立时间最长，其实践经验也具有一定的示范作用。因此，本报告选取上海自由贸易试验区作为代表，从生产总值、财政收入、进出口贸易、外商直接投资等几个方面来分析自由贸易试验区对城市经济发展的影响。

1. 对生产总值的影响

从图 9-3 所示数据可以看出，2013 年上海自由贸易试验区成立之前，上海市 GDP 的增速均低于同期全国 GDP 增速。2013 年之后上海市 GDP 拉升至全国同期水平，特别是 2015 年上海自贸区扩容之后，上海市 GDP 增速与全国持平，但是在 2019 年开始出现下降趋势。可以看出，上海自由贸易试验区的设立并没有给上海市经济增长提供持续性的动力。

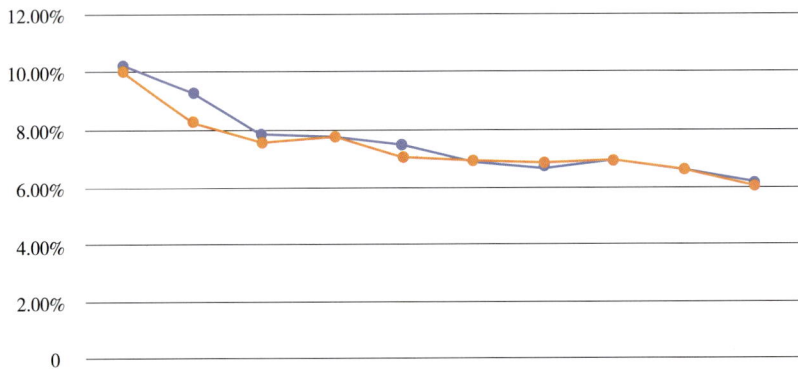

年份	2010 年	2011 年	2012 年	2013 年	2014 年	2015 年	2016 年	2017 年	2018 年	2019 年
全国 GDP 增速	10.10%	9.20%	7.80%	7.70%	7.40%	6.90%	6.70%	6.90%	6.60%	6.10%
上海市 GDP 增速	9.90%	8.20%	7.50%	7.70%	7.00%	6.90%	6.80%	6.90%	6.60%	6.00%

图 9-3　全国 GDP 与上海市 GDP 增速对比
资料来源：笔者根据《中华人民共和国国民经济和社会发展统计公报》和
《上海市国民经济和社会发展统计公报》数据制成

2. 对财政收入的影响

根据图 9-4 的数据可以看出，2013～2016 年，上海市财政收入实现了连续增长且均高于全国增速，而同期全国增速均为下降。从 2016 年数据来看，上海自由贸易试验区的财政收入达到了 23.7%，远远高于全国的 4.5% 和上海市的 16.1%。从 2017 年开始，上海自由贸易试验区的财政收入增速迅速下降，这也直接导致了上海市的财政收入下降，且在 2019 年出现了低于全国增速的情况。可见，上海自由贸易试验区的设立在短期内增加了上海市的财政收入，但是持续时间有限。

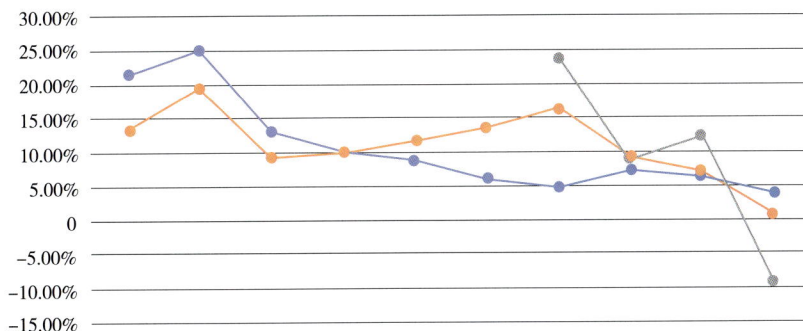

年份	2010年	2011年	2012年	2013年	2014年	2015年	2016年	2017年	2018年	2019年
全国财政收入增速	21.30%	25.00%	12.90%	10.20%	8.60%	5.80%	4.50%	7.40%	6.20%	3.80%
上海市财政收入增速	13.10%	19.40%	9.20%	9.80%	11.60%	13.30%	16.10%	9.10%	7.00%	0.80%
上海自贸区财政收入增速							23.70%	8.60%	12.00%	-9.20%

图 9-4　全国、上海市及上海自贸区财政收入增速对比

资料来源：笔者根据《中华人民共和国国民经济和社会发展统计公报》和
《上海市国民经济和社会发展统计公报》数据制成

3. 对进出口贸易的影响

从图 9-5 的数据来看，2013 年上海自由贸易试验区成立之前，上海市进出口总额的增速一直低于全国进出口总额的增速。2013~2016 年，上海市进出口总额的增速均高于全国增速。2017 年后再次低于全国增速。可以看出，在上海自由贸易试验区成立之后的 3 年，上海市对外贸易得到了扩大。2017 年，国务院一次性批复了第三批共 7 个自由贸易试验区，第三批的自由贸易试验区的进出口平均增速在成立当年（2017 年）达到了 55.76%、成立后的第二年（2018 年）达到了 24.76%。可见，第三批自由贸易区的设立也对上海自由贸易试验区产生了一定的影响，使其进出口增速放缓，进而影响到上海市的进出口贸易增速。

4. 对外商直接投资的影响

自由贸易试验区的设立有利于所在城市外商直接投资的增加。从《上海市国民经济和社会发展统计公报》公布的数据来看，2012 年和 2013 年上海市新设外商直接投资项目增速为 -6.6% 和 -5%。在 2013 年上海自由贸易试验区成立后，2014 年和 2015 年上海市新设外商直接投资项目增速则为 25.6% 和 27.9%，合同金额的增速达到了 26.8% 和 86.5%。可见，上海自由贸易试验区的设立为上海市带来了新的外商直接投资项目。从外商直接投资实际到位金额的增速来看，上海自由贸易试验区的增速一直高于上海市及全国的增速，但在 2019 年出现了下滑（图 9-6）。

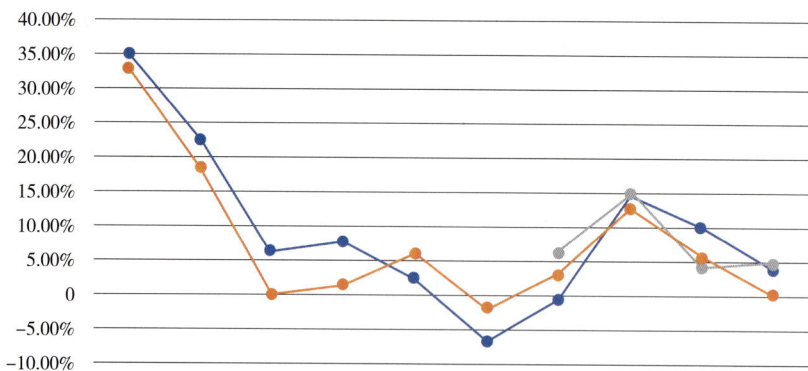

年份	2010 年	2011 年	2012 年	2013 年	2014 年	2015 年	2016 年	2017 年	2018 年	2019 年
全国进出口增速	34.80%	22.50%	6.20%	7.60%	2.30%	−7.00%	−0.90%	14.20%	9.70%	3.40%
上海市进出口增速	32.80%	18.60%	−0.20%	1.10%	5.60%	−2.10%	2.70%	12.50%	5.50%	0.10%
上海自贸区进出口增速							5.90%	14.70%	4.10%	4.40%

图 9-5　全国、上海市及上海自贸区进出口总额增速对比

资料来源：笔者根据《中华人民共和国国民经济和社会发展统计公报》和
《上海市国民经济和社会发展统计公报》数据制成

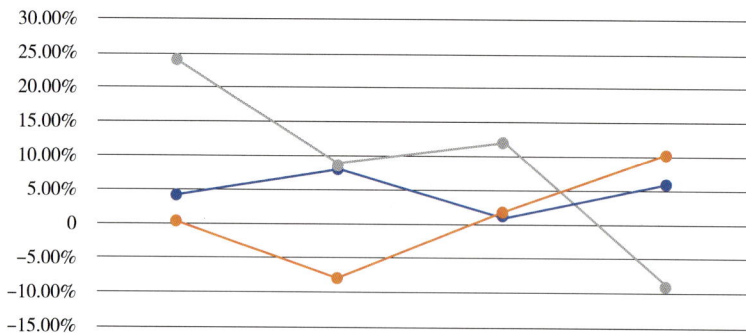

年份	2016 年	2017 年	2018 年	2019 年
全国增速	4.10%	7.90%	0.90%	5.80%
上海市增速	0.30%	−8.10%	1.70%	10.10%
上海自贸区增速	23.70%	8.60%	12.00%	−9.20%

图 9-6　全国、上海市及上海自贸区外商直接投资实际到位金额增速对比

资料来源：笔者根据《中华人民共和国国民经济和社会发展统计公报》和
《上海市国民经济和社会发展统计公报》数据制成

综上所述，从上海自由贸易试验区设立后对上海经济的影响来看，其短期内有增加生产总值、提高财政收入、扩大对外贸易、吸引外商投资的作用，但是持续时间有限。因此，在考察自由贸易试验区对当地经济发展的影响时应该结合后期的第三批、第四批自由贸易试验区的后续数据来进行分析。

（四）现阶段自由贸易试验区存在的问题

我国自由贸易试验区设立七年来一直高密度高频次地进行制度改革创新，在改革推进的过程中取得了非常突出的成绩，积累了宝贵的经验，一些经验已经复制推广到了其他的自由贸易试验区。但是，各个自由贸易试验区推进的过程中都遇到了问题，这些问题有的是各个自由贸易试验区所特有的，也有一些是共性问题。而这些问题则是需要我们在未来自由贸易试验区建设中解决的。

1. 改革碎片化，改革协同性有待提高

自由贸易试验区的建设中普遍存在政策供给碎片化和物理区块碎片化的现象。所谓物理区块碎片化是指自由贸易区设立时均设立了 3~5 个分片区，而这些片区在地理上是并不相邻的区域，就存在了普遍的物理分隔。片区的物理分隔就导致了各个片区之间的协调性不高，存在单兵作战现象，片区之间协同创新能力不足。而政策供给碎片化主要是指政府的政策或者改革措施的出台没有形成统一协调机制，各个部门、机构、地区有各自为政的倾向，制度的创新没有做到集成和统一。

2. 制度创新深度不够

自由贸易试验区制度创新的根本目的是深层次的体制机制创新，但是从目前来看，我国自由贸易试验区的制度创新仍然表现在行政事务便利化程度的提升上，没有深入体制机制的改革上。而且，目前很多制度创新都是由单个部门、单个地区主导推动，由于碎片化问题的存在，没有形成统筹协调、集成管理的机制，一部分制度创新只是优化路程或者改善工作方法，这些都无法触及制度创新的"深水区"。同时，制度创新和产业发展没有形成良好的协同作用，没有形成全产业链的制度创新，这也使制度创新无法在产业发展中体现出来。

3. 金融制度改革创新力度不够

从前文可以看出金融业是我国自由贸易试验区重点布局的产业，同时，金融业作为实体产业的重要配套产业也应该发挥出给实体经济"输血"的作用。目前，自由贸易试验区在金融制度改革方面取得了一些成绩，但是可以复制推广的经验有限，特别是内陆地区自由贸易试验区的金融制度改革并没有发挥出预想的效果。内陆型自由贸易试验区在金融改革问题上更多是依靠政府而不是市场。同时，由于融资工具和手段的创新能力不够，金融服务企业、服务实体的目标并没有很好地实现。

二、中国自由贸易试验区贸易便利化改革与实践

中国自由贸易试验区实施 7 年以来，各自由贸易试验区制度创新都取得了一定的成果，其中最突出的就是贸易自由化领域。

（一）贸易便利化的界定

贸易便利化是指货物、服务产品和相关人员在跨境港口间的流动支持，或者为更快速地传递跨境贸易的相关文件等采取的更为便捷的措施。近年来，对它的定义扩展到包括贸易业务的基础设施和软环境、海关和制度环境的透明度及专业化，以及因应国际或地区规则的标准一致化。互联网信息技术正迅速地融入贸易领域，这意味着如今对贸易便利化的定义还应该包括科技信息元素。贸易便利化主要由以下因素构成：一是快速便捷的进出口商品通关条件；二是拥有一系列与国际接轨的商贸流通体系；三是拥有能与各种贸易结算方式衔接的金融服务支撑；四是拥有数量巨大的专业人才支撑的专业服务业配套。目前，我国在推进贸易便利化的过程中，更多的注意力聚焦在提高通关效率和监管制度的创新上。

（二）中国自由贸易试验区贸易便利化的主要实践成果

在中国自由贸易试验区贸易便利化实践的众多成果中，比较突出且推广至全国的重要经验是国际贸易"单一窗口"和"一线放开、二线安全高效管住"的通过监管服务模式。这两个经验均是从上海自由贸易试验区的建设过程中得来。

1. 国际贸易"单一窗口"

国际贸易"单一窗口"是一个跨部门的综合管理服务平台，将涉及贸易监管的部门逐步纳入"单一窗口"管理平台以达到优化口岸监管执法流程和通关流程的目的，实现贸易许可、支付结算、资质登记等平台功能。企业可以通过"单一窗口"一次性提交相关信息，降低成本，提高效率。

2. "一线放开、二线安全高效管住"

"一线放开、二线安全高效管住"的通过监管服务模式在确保二线安全的前提下尽可能减少对一线的干预。这也是上海自由贸易试验区的重要经验，也是中国自由贸易试验区贸易便利化的重要原则。

所谓的"一线放开"是指允许企业凭进口舱单将货物直接入区，再凭进境货物备案清单向主管海关办理申报手续，简化进出境备案清单，简化国际中转、集拼和分拨等业务进出境手续；实行"进境检疫，适当放宽进出口检验"模式，创新监管技术和方法。构建相对独立的以贸易便利化为主的货物贸易区域和以扩大服务领域开放为主的服务贸

易区域。在确保有效监管的前提下，建立货物状态分类监管模式。深化功能拓展，在严格执行货物进出口税收政策的前提下，在特定区域设立保税展示交易平台。

所谓"二线安全高效管住"是指优化卡口管理，加强电子信息联网，通过进出境清单比对、账册管理、卡口实货核注、风险分析等加强监管，促进二线监管模式与一线监管模式相衔接，推行"方便进出，严密防范质量安全风险"的检验检疫监管模式。加强电子账册管理，推动试验区内货物在各海关特殊监管区域之间和跨关区便捷流转。试验区内企业原则上不受地域限制，可到区外再投资或开展业务，如有专项规定要求办理相关手续，仍应按照专项规定办理。推进企业运营信息与监管系统对接。通过风险监控、第三方管理、保证金要求等方式实行有效监管，充分发挥上海市诚信体系建设的作用，加快形成企业商务诚信管理和经营活动专属管辖制度。

（三）可复制的贸易便利化改革成果的推广

随着自由贸易试验区建设的深入，国务院不断地将形成的可复制、可推广的改革创新成果在全国范围内进行推广（表 9-3）。

2013 年上海自由贸易试验区成立，在其成立后的一年间形成了一批可复制、可推广的改革创新成果。在 2014 年 12 月，国务院颁布了《国务院关于推广中国（上海）自由贸易试验区可复制改革试点经验的通知》，贸易便利化的重要经验集中在通关的无纸化和海关监管制度及检验检疫制度的创新。此时上海自由贸易试验区还没有进行扩区，主要是 4 个保税区的经验。

2015 年 4 月，中国（广东）自由贸易试验区、中国（天津）自由贸易试验区、中国（福建）自由贸易试验区以及中国（上海）自由贸易试验区扩展区域运行。经历了 1 年多，4 省市和有关部门以制度创新为核心，简政放权、放管结合、优化服务，推动自贸试验区在投资、贸易、金融、事中事后监管等多个方面进行了大胆探索，形成了新一批改革创新成果。在 2016 年 11 月，国务院发布了《国务院关于做好自由贸易试验区新一批改革试点经验复制推广工作的通知》，自贸试验区可复制、可推广的新一批改革试点经验又在全国范围内复制推广。此次推广中有国际贸易"单一窗口"、广东自由贸易试验区的"国际海关经认证的经营者（AEO）互认制度"、上海自由贸易试验区的"仓储货物按状态分类监管"等重要经验，这些经验都是后续其他自由贸易试验区建设非常重要的借鉴。

2017 年 3 月第三批自由贸易试验区设立，至此，上海自由贸易试验区已经运行 4 年，第二批 3 个自由贸易试验区也运行 2 年。2018 年 5 月，全国 11 个自贸试验区所在省市和有关部门结合各自贸试验区功能定位和特色特点，全力推进制度创新实践，形成了自由贸易试验区第四批改革试点经验，在全国范围内复制推广。此次推广的经验中除了 9 项贸易便利化领域的措施外，还有 3 项在海关特殊监管区域推广的经验措施。

2019 年 4 月国务院再次颁布了《国务院关于做好自由贸易试验区第五批改革试点经验复制推广工作的通知》推广了 5 项贸易便利化措施。其中包括浙江自由贸易试验区的"保税燃料油跨港区供应模式"、四川自由贸易试验区首创的"中欧班列集拼集运模式"等重要可推广经验。

2020 年 6 月国务院颁布了《国务院关于做好自由贸易试验区第六批改革试点经验复制推广工作的通知》，再次推广了 7 项贸易便利化领域的优秀改革措施。其中包含浙江自由贸易试验区的"跨境电商零售进口退货中心仓模式"、四川自由贸易试验区的"冰鲜水产品两段准入监管模式"等重要经验。

表 9-3　我国自由贸易区可复制贸易便利化改革试点经验

时间	主要推广的贸易便利化成果	相关文件
2014 年 12 月	"全球维修产业检验检疫监管""中转货物产地来源证管理""检验检疫通关无纸化""第三方检验结果采信""出入境生物材料制品风险管理"等。海关监管制度创新："期货保税交割海关监管制度""境内外维修海关监管制度""融资租赁海关监管制度"等措施。检验检疫制度创新："进口货物预检验""分线监督管理制度""动植物及其产品检疫审批负面清单管理"等措施	《国务院关于推广中国（上海）自由贸易试验区可复制改革试点经验的通知》
2016 年 11 月	"依托电子口岸公共平台建设国际贸易单一窗口，推进单一窗口免费申报机制""国际海关经认证的经营者（AEO）互认制度""出境加工监管""企业协调员制度""原产地签证管理改革创新""国际航行船舶检验监管新模式""免除低风险动植物检疫证书清单制度"7 项 在海关特殊监管区域复制推广的改革事项："入境维修产品监管新模式""一次备案，多次使用""委内加工监管""仓储货物按状态分类监管""大宗商品现货保税交易""保税展示交易货物分线监管、预检验和登记核销管理模式""海关特殊监管区域间保税货物流转监管模式"7 项	《国务院关于做好自由贸易试验区新一批改革试点经验复制推广工作的通知》
2018 年 5 月	"跨部门一次性联合检查""保税燃料油供应服务船舶准入管理新模式""先放行、后改单作业模式""铁路运输方式舱单归并新模式""海运进境集装箱空箱检验检疫便利化措施""入境大宗工业品联动检验检疫新模式""国际航行船舶供水'开放式申报＋验证式监管'""进境保税金属矿产品检验监管制度""外锚地保税燃料油受油船舶'申报无疫放行'制度"9 项 在海关特殊监管区域复制推广："海关特殊监管区域'四自一简'监管创新""'保税混矿'监管创新"2 项 在海关特殊监管区域及保税物流中心（B 型）复制推广："先出区、后报关"	《国务院关于做好自由贸易试验区第四批改革试点经验复制推广工作的通知》

时间	主要推广的贸易便利化成果	相关文件
2019 年 4 月	"海运危险货物查验信息化，船舶载运危险货物及污染危害性货物合并申报""国际航行船舶进出境通关全流程'一单多报'""保税燃料油跨港区供应模式""海关业务预约平台""生产型出口企业出口退税服务前置""中欧班列集拼集运模式"6 项	《国务院关于做好自由贸易试验区第五批改革试点经验复制推广工作的通知》
2020 年 6 月	"'融资租赁＋汽车出口'业务创新""飞机行业内加工贸易保税货物便捷调拨监管模式""跨境电商零售进口退货中心仓模式""进出口商品智慧申报导航服务""冰鲜水产品两段准入监管模式""货物贸易'一保多用'管理模式""边检行政许可网上办理"7 项	《国务院关于做好自由贸易试验区第六批改革试点经验复制推广工作的通知》

资料来源：中国政府网

综上所述，我国自由贸易试验区在贸易便利化领域的改革取得了一定的成绩，但是也存在一定的问题，例如，国际贸易"单一窗口"亟待升级、贸易便利化的覆盖领域需要进一步拓展、服务贸易领域的贸易便利化程度仍需要提高等。随着全国 18 个自由贸易试验区先后落成，下一阶段贸易便利化领域的制度创新将会越来越多，制度及政策也将得到进一步的优化。

三、中国自由贸易试验区法治环境建设

目前，中国自由贸易试验区已经形成了"1+3+7+1+6"的雁阵引领的开放格局。在批准设立 12 个自由贸易试验区的基础上，国务院在 2019 年 8 月又批准设立山东等 6 个自由贸易试验区，各片区目标宗旨一致，都是以制度创新为核心，以可复制可推广为基本要求，全面落实中央的战略要求。商务部研究院报告显示，截至 2019 年 4 月，湖北自由贸易试验区 38 项差异化试点任务已经全部完成，17 项创新成果在国家层面采纳推广，132 项创新成果在省内复制推广。法治保障体系应当吸纳各自由贸易试验区实践的最大公约数，归纳提升一致性的体制机制与标准，为各片区差异化发展提供稳定、明确的制度保障。近 7 年，自由贸易试验区的法治改革成果不断成熟，各区域的法治保障体系也呈现出一定共性，主要反映在立法、执法、司法、法律服务 4 个维度。

（一）中国自由贸易试验区的立法

改革创新对立法供给提出较高的要求。与国际主要自由贸易园区立法实践不同，中国自由贸易试验区的立法体系带有强烈的"实验"性质。其从一开始就没有顶层法律提供清晰的改革指引，在制度创新过程中基本遵循"地方政府报需求与方案——更高级别政府或职能部门开展讨论——下达最终决策或意见"的立法模式。目前，中国自由贸易试验区基本已经形成全国人大"授权决定"+国务院"总体方案"为顶层设计，11个自由贸易试验区的条例或管理办法为基本框架，国家或地方的部门决定、行政规章等法律性文件作为支撑的相对松散的法律体系。

首先，全国人大常委会颁布了《关于授权国务院在中国（上海）自由贸易试验区暂时调整有关法律规定的行政审批的决定》。国家暂时调整实施《中华人民共和国外资企业法》等4部法律，《中华人民共和国外资企业法实施细则》《中华人民共和国船舶登记条例》等11部法律，《国务院办公厅转发国家计委关于城市轨道交通设备国产化实施意见的通知》等2件国务院文件及《外商投资产业指导目录（2018年修订）》等2件经国务院批准的部门规章。

其次，国务院相继印发18个自由贸易试验区总体方案、4个自由贸易试验区的深化改革方案、《关于在自由贸易试验区暂时调整有关行政法规、国务院文件和经国务院批准的部门规章规定的决定》《自由贸易试验区外商投资准入特别管理措施（负面清单）（2018年版）》等政策文件。

在此基础上，最高人民法院、商务部、公安部、司法部、海关总署、人民银行、银保监会等出台支持自由贸易试验区发展的系列新政；18个省（市）根据地理禀赋与当地优势对接国际贸易投资新规制，深化新型贸易服务、投资管理体制、政务服务系统、事中事后监管创新，系统优化营商环境。如图9-7所示，河南自由贸易试验区有454项法律法规。

（二）中国自由贸易试验区的执法

在国际组织评估市场营商环境的实践中，政府的透明公开程度是最基本的因素。提升政府权力的公开、透明程度，能够在形式上保障市场主体的知情权与监督权，确保行政执法行为的程序正当性。目前，各自贸片区主要通过两种形式公开片区内涉及的行政权力。

1. 建立统一的权责清单网站

大多数的自贸片区采取这一模式，其公开与便捷程度更高。以广东自由贸易试验区为例（图9-8），广东政府服务网统一梳理全省的政府权责清单，并针对各自贸片区设

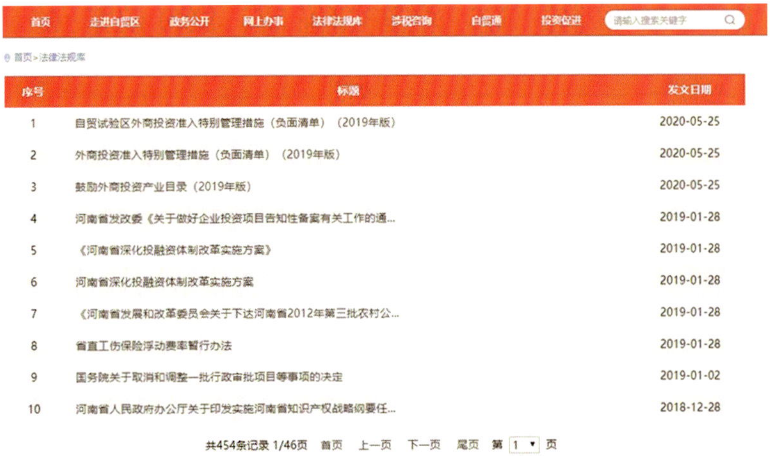

序号	标题	发文日期
1	自贸试验区外商投资准入特别管理措施（负面清单）（2019年版）	2020-05-25
2	外商投资准入特别管理措施（负面清单）（2019年版）	2020-05-25
3	鼓励外商投资产业目录（2019年版）	2020-05-25
4	河南省发改委《关于做好企业投资项目告知性备案有关工作的通...	2019-01-28
5	《河南省深化投融资体制改革实施方案》	2019-01-28
6	河南省深化投融资体制改革实施方案	2019-01-28
7	《河南省发展和改革委员会关于下达河南省2012年第三批农村公...	2019-01-28
8	省直工伤保险浮动费率暂行办法	2019-01-28
9	国务院关于取消和调整一批行政审批项目等事项的决定	2019-01-02
10	河南省人民政府办公厅关于印发实施河南省知识产权战略纲要任...	2018-12-28

图 9-7　河南自贸区法律法规

图片来源：http://www. kfftz. gov. cn/hflfgk/index.jhtml

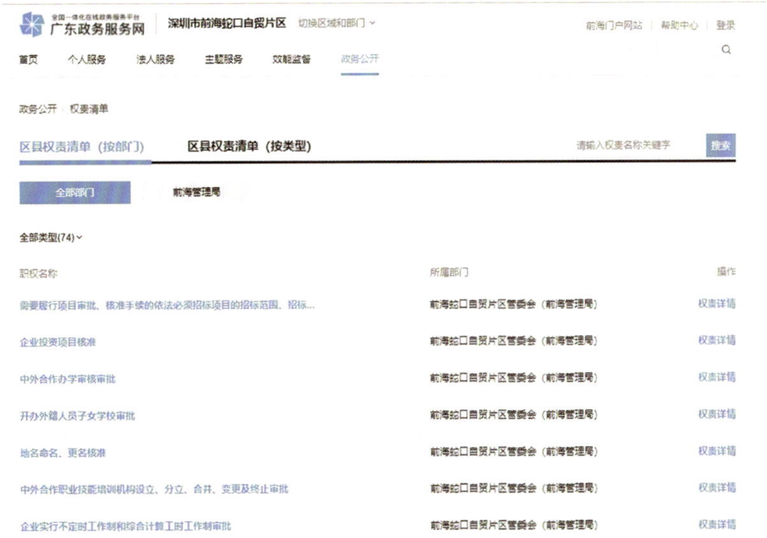

职权名称	所属部门	操作
需要履行项目审批、核准手续的依法必须招标项目的招标范围、招标...	前海蛇口自贸片区管委会（前海管理局）	权责详情
企业投资项目核准	前海蛇口自贸片区管委会（前海管理局）	权责详情
中外合作办学审核审批	前海蛇口自贸片区管委会（前海管理局）	权责详情
开办外籍人员子女学校审批	前海蛇口自贸片区管委会（前海管理局）	权责详情
地名命名、更名核准	前海蛇口自贸片区管委会（前海管理局）	权责详情
中外合作职业技能培训机构设立、分立、合并、变更及终止审批	前海蛇口自贸片区管委会（前海管理局）	权责详情
企业实行不定时工作制和综合计算工时工作制审批	前海蛇口自贸片区管委会（前海管理局）	权责详情

图 9-8　广东前海自贸片区权责清单

图片来源：http://www. gdzwfw. gov. cn/portal/affairs-public-duty-list?region=440313

立专门模块；各清单列表列举职权名称、所属职能部门以及具体操作三个栏目，点击进入后将进一步介绍各权力的行使主体、编码、类别（行政许可或行政处罚等）、法律依据、执法主体的责任事项、问责依据与监督方式、权力适用范围、办理条件与程序、涉及的文书模板等基本内容。

辽宁自贸区大连片区 2020 年 7 月发布的《权责清单》，共涉及 14 个部门和单位的 1083 项行政职权（图 9-9），主要内容包括职权类型、职权编码、职权名称、职权依据、实施部门（责任主体）、承办机构、工作对象、责任事项及依据等。

2. 在门户网站上设立有网上办事系统，就各部门办事具体事项列举清单

如河南自贸区、四川自贸区、上海自贸区、辽宁自贸区，见图 9-10～图 9-13。网上政务服务大厅通过互联网为企业和群众提供网上申报、网上一次性告知、网上审核、网上通知办理结果等"一站式"办事服务，为企业提供了国际化、便利化的服务环境。

图 9-9　辽宁自贸区大连片区权责清单
图片来源：https://www.dlftz.gov.cn/quanZeNotice.html

图 9-10　河南自贸区网上办事大厅
图片来源：http://www.kfftz.gov.cn/dwsbs/index.jhtml

图 9-11　四川自贸区网上政务服务大厅

图片来源：http://www.cdtf.gov.cn/cdtf/c130544/fw.shtml

图 9-12　上海自贸区办事大厅

图片来源：http://www.china-shftz.gov.cn/workservices.aspx?isF=0

　　辽宁自贸区大连片区推出的"法人空间"涵盖了营业执照、经营许可、事中事后监管数据等与法人有关的各项政务服务信息。凡是在辽宁自贸区大连片区注册登记的企业，企业法人可通过实名手机登录、检索或下载相关信息，足不出户即可办理相关审批事项并实时了解办理进度。

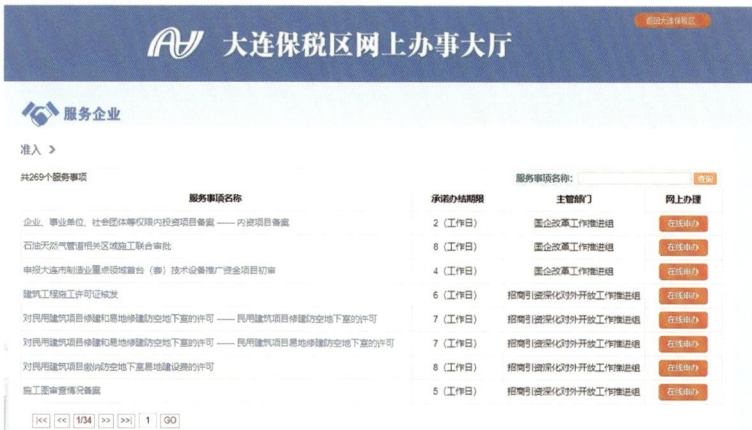

图 9-13　辽宁自贸区网上办事大厅

图片来源：http://www.dlftz.gov.cn/wsbsdt/quanZeList.html?wqtype=2&serviceTo=corporation&serviceOnLine=y

（三）司法

1. 设立自由贸易试验区司法机构

（1）设立专门的自由贸易试验区法院。例如，深圳前海人民法院、南沙自贸片区人民法院、横琴新区人民法院、重庆两江新区（自由贸易试验区）人民法院、天府新区人民法院（四川自由贸易试验区法院）等，专门对自由贸易试验区的案件进行管辖。

（2）在相关人民法院设立专门的自由贸易试验区法庭。例如，上海浦东新区人民法院自由贸易试验区法庭、浦东新区人民法院自由贸易试验区知识产权法庭、上海海事法院自由贸易试验区法庭、厦门湖里区人民法院自由贸易试验区法庭、舟山市中级人民法院自由贸易试验区法庭、宁波海事法院自由贸易试验区海事法庭、洛阳市高新区人民法院自由贸易试验区法庭、泸州市龙马潭区人民法院川南临港片区法庭、杨凌区人民法院金融法庭与自由贸易试验区法庭等，对特定自由贸易试验区案件进行管辖。

（3）设立巡回庭或派出法庭。例如，沈阳市中级人民法院自由贸易试验区派出法庭、襄阳高新区法院自由贸易试验区巡回法庭等。

2. 自由贸易试验区司法制度的改革创新

创新司法程序、制度，以适应自由贸易试验区的需要。上海自由贸易实验区作为最早设立的区域，其做法具有指导意义。

（1）引入国际金融、保险、海关及国际贸易等领域专家担任陪审员，充分发挥法官与专家思维结合的优势。

（2）健全司法服务保障规范体系，制定了《上海法院服务保障中国（上海）自由贸易试验区建设的意见》《上海市第一中级人民法院涉中国（上海）自由贸易试验区案件审理指引（试行）》等。

（3）完善多元化纠纷解决机制，上海第一中级人民法院在总结商事诉调对接经验的基础上，制定了《商事多元化纠纷解决机制实施细则》。

（4）开发了"数字法庭"系统，打造立案、审理全流程无纸化的一体化工作平台。

（5）与行政机关建立信息交流、信用促进机制，共同推进自由贸易试验区市场诚信体系和风险防范体系建设。

（四）法律服务

1. 自由贸易试验区的商事仲裁机制

仲裁制度是商事争端解决的重要途径，因具有灵活性、保密性、高效性、专业性、国际性等特点，在国际商事活动中深受欢迎。在自由贸易试验区的仲裁实践中，尤以上海与深圳前海表现突出。

就上海而言：首先，对标国际仲裁规则制定《上海国际经济贸易仲裁委员会上海国际仲裁中心中国（上海）自由贸易试验区仲裁规则》，吸纳诸如临时仲裁等的内容。2019 年 11 月，上海市司法局发布了《境外仲裁机构在中国（上海）自由贸易试验区临港新片区设立业务机构管理办法》。该办法规定，2020 年 1 月 1 日起，境外仲裁机构可在上海自贸区临港新片区设立业务机构。其次，建立国际化的仲裁员队伍，2018 年 5 月发布新一届《仲裁员名单》，仲裁员 965 名，其中，内地仲裁员为 604 名，占 62.59%；外籍及港澳台仲裁员为 361 名，占 37.41%。再次，建立国际化的调解员队伍，新一届《调解员名册》的调解为 42 人，其中，中国调解员 40 名，外籍调解员 2 名。最后，将香港国际仲裁机构入住上海自由贸易区，进一步提升上海自由贸易试验区仲裁的国际化水平。

就深圳前海而言：首先，深圳国际仲裁院与世界银行和美国、新加坡等境外仲裁机构开展国际仲裁合作，率先设立境外庭审中心。其次，进一步对标国际通行实践创新仲裁规则与程序，基于《深圳国际仲裁院仲裁规则》第九章快速程序、《金融借款争议仲裁规则》和《网络仲裁规则》的需要，专门设置《深圳国际仲裁院特定类型案件仲裁员名单》。最后，进一步提升仲裁员国际化程度，外籍仲裁员总数占比高于 40%。

在第三批自由贸易试验区中，具有代表性的自贸片区主要有浙江舟山、湖北武汉和重庆。在浙江舟山自由贸易试验区，针对海事运输专门设立中国海事仲裁委员会（浙江）自由贸易试验区仲裁中心、中国海事仲裁委员会计量争议仲裁中心。湖北武汉自贸片区充分利用信息技术，建立"互联网＋仲裁"机制，搭建仲裁综合信息管理平台、微信、"武仲云"等信息平台。

2. 自由贸易试验区的联营律所

突出的自由贸易试验区包括上海、广东和重庆3个区域。在上海，早在2014年12月上海市司法局就公布《中国（上海）自由贸易实验区中外律师事务所互派律师担任法律顾问的实施办法》《中国（上海）自由贸易试验区中外律师事务所联营的实施办法》。目前，上海的外籍联营律所最多，包括奋迅－贝克麦坚时、瀛泰－夏礼文、福建信实－霍金路伟、观韬中茂－亚司特、上海昭胜－年利达。广东自贸区区设立了11家联营律师事务所，包括国信－信扬－麦家荣、中银－力图－方氏等。重庆设立了其礼西联联营律师事务所。

3. 自由贸易试验区的其他法律服务

（1）健全知识产权保护机制，提升外国投资者对中国市场的信心。深圳前海蛇口片区在2018年全方位建立知识产权保护机制，揭牌中国（深圳）知识产权保护中心，深圳市市场监督局推动在行业协会建立14家知识产权保护工作站，推进知识产权保护综合服务平台建设。

（2）构建综合法律服务平台。厦门自贸片区加强政法部门合作，成立公共法律服务协同创新基地，汇集湖里区法院、检察院、市公证处、市法律援助中心等6家单位协同创新，在民事、商事领域，为厦门自由贸易试验区提供全方位的公共法律服务。

（3）设立专业法律服务机构。例如，设立公证机构，前海公证处累计已经办理各类涉外业务13158件，涉及40多个国家和地区。2020年7月，山东省司法厅推动在济南、青岛、烟台的自贸区内设立多家合作制公证处，为自贸区建设营造最优法治营商环境。

四、自由贸易试验区建设背景下雄安新区的历史新机遇

（一）中国（河北）自由贸易试验区介绍

2019年8月2日，《国务院关于印发6个新设自由贸易试验区总体方案的通知》印发实施，中国（河北）自由贸易试验区正式设立。2019年8月30日，中国（河北）自贸试验区正式揭牌。《中国（河北）自由贸易试验区总体方案》涵盖雄安片区、正定片区、曹妃甸片区、大兴机场片区，是全国唯一一个跨省市的自贸区。

河北自由贸易试验区以制度创新为核心，以可复制可推广为基本要求，全面落实中

央关于京津冀协同发展战略和高标准高质量建设雄安新区要求，积极承接北京非首都功能疏解和京津科技成果转化，着力建设国际商贸物流重要枢纽、新型工业化基地、全球创新高地和开放发展先行区。河北自由贸易试验区计划经过3~5年改革探索，对标国际先进规则，形成更多有国际竞争力的制度创新成果，推动经济发展质量变革、效率变革、动力变革，努力建成贸易投资自由便利、高端高新产业集聚、金融服务开放创新、政府治理包容审慎、区域发展高度协同的高标准高质量自由贸易园区。

河北自由贸易试验区的实施范围为119.97平方公里，涵盖四个片区，其中雄安片区33.23平方公里，正定片区33.29平方公里（含石家庄综合保税区2.86平方公里），曹妃甸片区33.48平方公里（含曹妃甸综合保税区4.59平方公里），大兴机场片区19.97平方公里。各片区既互为整体，共同承担河北自贸试验区试验任务，又独立发展，努力构筑各有侧重的产业体系。雄安片区重点发展新一代信息技术、现代生命科学和生物技术、高端现代服务业等产业，建设高端高新产业开放发展引领区、数字商务发展示范区、金融创新先行区。正定片区重点发展临空产业、生物医药、国际物流、高端装备制造等产业，建设航空产业开放发展集聚区、生物医药产业开放创新引领区、综合物流枢纽。曹妃甸片区重点发展国际大宗商品贸易、港航服务、能源储配、高端装备制造等产业，建设东北亚经济合作引领区、临港经济创新示范区。大兴机场片区重点发展航空物流、航空科技、融资租赁等产业，建设国际交往中心功能承载区、国家航空科技创新引领区、京津冀协同发展示范区。

这样的片区选择和功能划分有利于形成布局合理、产业互补、协同共进、融合发展的区域格局，增强开放协同效应，带动河北沿海、冀中南乃至京津冀区域的开放发展。

（二）主要任务

河北自由贸易试验区方案以制度创新为核心，在充分借鉴现有自贸试验区成功改革试点经验的基础上，围绕投资、贸易、金融、事中事后监管等方面，提出富有特色、具有系统集成性的改革试点任务。河北自贸试验区的主要任务包括7个方面。

1. 加快转变政府职能

包括推进"证照分离"改革全覆盖，全面开展工程建设项目审批制度改革，实现"一口受理""两验终验"，推行"函证结合""容缺后补"等改革。探索实施投资项目先建后验管理新模式。对环境影响小、环境风险不高的建设项目探索推行环境影响评价承诺备案制，对建设项目环境许可、现场勘察实施同类豁免或简化模式。搭建知识产权服务工作站，建立完善知识产权评估机制、质押登记制度、质押融资风险分担机制以及方便快捷的质物处置机制。

2. 深化投资领域改革

包括深入推进投资自由化便利化，全面落实外商投资准入前国民待遇加负面清单管理制度，探索建立外商投资信息报告制度；完善投资促进和投资保护机制，完善外商投资促进、项目跟踪服务和投诉工作机制；鼓励自贸试验区在法定权限内制定外商投资促进政策等。

3. 推动贸易转型升级

包括提升贸易便利化水平，在海关特殊监管区域深入实施货物状态分类监管，探索以企业为单元的税收担保制度，支持在雄安片区设立综合保税区，支持曹妃甸开展平行进口汽车试点，支持曹妃甸片区建设国际海运快件监管中心，研究开展贸易调整援助试点；加强大兴国际机场临空经济区与自贸试验区的改革联动、发展联动，支持正定片区设立进口钻石指定口岸等。

4. 深化金融领域开放创新

包括增强金融服务功能，支持符合条件的商业银行注册设立金融资产投资子公司，支持设立直销银行、征信机构等，研究开展合格境外有限合伙人（QFLP）和合格境内投资企业（QDIE）业务试点，放宽项目投资限制，提高基金持股比例；推动跨境人民币业务创新，支持自贸试验区内银行按规定发放境外人民币贷款，探索开展境内人民币贸易融资资产跨境转让业务等。

5. 推动高端高新产业开放发展

包括支持石家庄依法依规建设进口药品口岸，条件成熟时设立首次进口药品和生物制品口岸，支持自贸试验区内符合条件的医疗卫生机构，按照有关规定开展干细胞临床前沿医疗技术研究项目，建立项目备案绿色通道，开展医疗器械注册人制度试点等。

6. 引领雄安新区高质量发展

包括建设金融创新先行区，探索监管"沙盒机制"，探索开展环境信息强制披露试点，建立绿色金融国际标准。建设数字商务发展示范区，发展大数据交易、数据中心和数字内容等高端数字化贸易业态，支持建立数字化贸易综合服务平台，建立大数据资产评估定价、交易规则、标准合约等政策体系，推进基于区块链、电子身份（eID）确权认证等技术的大数据可信交易，支持开展数据资产管理、安全保障、数据交易、结算、交付和融资等业务。

7. 推动京津冀协同发展

包括推动区域产业协同创新，支持北京中关村、天津滨海新区等与自贸试验区深度合作创新发展，支持建立总部设在雄安片区的国际科学共同体或科技组织；促进要素跨区域流动，支持北京非首都功能优先向自贸试验区疏解转移，允许符合条件的北京、天津企业将注册地变更到自贸试验区后，继续使用原企业名称。

（三）机遇

设立河北自贸试验区是河北省发展面临的又一重要机遇，要进一步解放思想，主动作为，以制度创新为核心，加快建成贸易投资自由便利、高端高新产业集聚、金融服务开放创新、政府治理包容审慎、区域发展高度协同的高标准高质量自由贸易园区。

1. 积极构建和培育创新生态系统

创新生态系统是一个建立在传统产学研协同模式基础上的系统，其基本特征是从创新主体之间的相互作用延伸到创新主体与创新环境的相互作用，即多样化创新主体基于共同创新环境而形成的相互依赖、共生共赢的具有稳定性的组织结构。未来的竞争将是创新生态系统的竞争，加快推进河北自贸试验区建设要积极构建和培育创新生态系统。

（1）加强创新主体的密切合作，创新主体包括创业企业、领军企业、政府、金融机构、科研机构等，其中创业企业是创新生态系统的基石，领军企业是促进生态链形成的主力军，科研机构进行教育对接、技术研发和技术转移，金融机构为创新和成果转化提供资金支持，政府为创新提供激励机制和制度保障。

（2）加快建立鼓励创新的制度环境，加强知识产权保护体系建设，完善科技成果转化激励机制，激发各类主体的积极性、主动性。

（3）倡导创新文化，把创新文化建设与促进产业发展紧密结合起来，努力营造"鼓励创新、宽容失败"的氛围。

2. 推动先进制造业与生产性服务业深度融合

从产业发展趋势看，制造业与服务业的融合是未来产业发展的主流。河北自贸试验区4个片区内既有生物医药、航空科技、高端装备制造等先进制造产业，也有港航服务、国际物流和融资租赁等现代服务业，应加快探索制度创新，把推动先进制造业与生产性服务业深度融合作为重中之重。

（1）根据各个片区的发展定位，用新技术、新业态、新模式改造传统制造业和服务业，提高服务业与制造业的匹配程度，加快形成各具特色的服务型制造体系。

（2）大力支持研发设计、知识产权、创业孵化、科技金融、营销等现代服务业发展，培育覆盖全周期、全要素的高新技术服务产业链。

（3）大力发展创新联盟、技术中介等新型创新组织，强化创新型龙头企业的引领作用，促进企业间紧密互动联合，推动形成企业主导、产学研用一体发展的创新体系。

3. 对标国内外先进规则优化营商环境

营商环境就是生产力。打造国际一流营商环境，是推进河北自贸试验区建设题中应有之义。在市场准入和外资待遇方面，要积极对标国内外先进规则，全面实施"负面清单＋准入前国民待遇"的外资管理制度，破除行政垄断，减少行政干预，简化行政审批手续，深入推进投资自由化便利化，完善投资促进和保护机制。此外，建立和完善相关配套政策，例如，创新监管模式，统一行业政策标准，放宽交叉行业准入标准，营造公平的竞争环境等，吸引全球高端要素向河北自贸试验区聚集。

4. 雄安新区建设创新城市的历史机遇

2019年1月公布的《中共中央国务院关于支持河北雄安新区全面深化改革和扩大开放的指导意见》中，71次提及创新，并将"强化创新驱动，建设现代化经济体系"置于9大重点任务的首位。

河北自贸试验区雄安片区将依托数字城市建设，在投资环境、贸易监管、产业发展等方面，提出一系列政策创新措施。

在贸易监管方面，雄安片区将建设海关特殊监管区，应用广泛布局的智能基础设施和智能化感知体系，打造智慧化贸易监管新模式，建设"智慧海关"；在数字贸易方面，将谋划建立数字化贸易综合服务平台，推进基于区块链、电子身份确权认证等技术的大数据可信交易；在金融科技方面，将探索监管"沙盒机制"；在生命科学和生物技术创新发展方面，将鼓励企业进行免疫细胞治疗、单抗药物、基因治疗、组织工程等新技术研究。

对于中国，雄安新区是新的；对于雄安新区，自贸试验区也是新的。未来30～50年之后，雄安新区将成为一个充满创新的城市。雄安新区一方面承接来自首都和世界各地的创新产业发展，另一方面将成为世界城市和经济发展的创新引领者。

（索珊，丁锋）

参考文献

［1］李善民. 中国自由贸易试验区发展蓝皮书（2018—2019）［R］. 广州：中山大学出版社，2019.

［2］赛迪顾问股份有限公司. 2020年中国自由贸易试验区发展白皮书［EB/OL］.（2020-05-10）. https://www.sohu.com/a/394109140_378413.

［3］中国政府网［EB/OL］. http://www.gov.cn.

［4］河南自贸区网站［EB/OL］. http://www.kfftz.gov.cn.

［5］广东自贸区网站［EB/OL］. http://www.gdzwfw.gov.cn.

［6］辽宁自贸区网站［EB/OL］. https://www.dlftz.gov.cn.

［7］河南自贸区网站［EB/OL］. http://www.kfftz.gov.cn.

［8］四川自贸区网站［EB/OL］. http://www.cdtf.gov.cn.

［9］上海自贸区网站［EB/OL］. http://www.china-shftz.gov.cn.